Perlentiere begeistern schon Generationen von Bastlern. Mithilfe einer neuen Technik aus Japan ist es nun möglich, sehr stabile kleine Tiere und Figuren anzufertigen, die auch den Strapazen eines Handy- oder Schlüsselanhängers standhalten. Da gibt es süße kleine Katzen oder kunterbunte Vögelchen, die man als Ohrringe tragen kann. Wilde Affen und knuddelige Teddybären sind als Geschenkanhänger oder Mitbringsel ein absoluter Hingucker.

Anhand eines Pinguins können Sie die neue Technik ganz einfach Schritt für Schritt erlernen. Suchen Sie sich Ihr Lieblingstier aus und los geht's! Als Geschenk für Freunde, zum Sammeln und Tauschen oder für sich selbst als ganz persönlichen, individuellen Glücksbringer – lassen Sie sich von den japanischen Perlentieren verzaubern.

Christiane Brüning

Kleine Naschkatzen

Zum Anbeißen süß!

MOTIVHÖHE
ca. 2 cm

MATERIAL
* Rocailles in Dunkelbraun und Hellbraun transparent, ø 2,6 mm
* Rocailles in Schwarz opak, ø 2,6 mm
* Rocailles in Rosa satiniert, ø 2,6 mm
* Nylonfaden, 1 m lang

FÄDELSKIZZEN
Skizzenheft Seite 1

1 Die Katze wird mit einem Faden am Stück gearbeitet. Sie beginnen bei einem Ohr (1) und arbeiten dann Schritt für Schritt nach der Fädelskizze. Das zweite Ohr (4) wird nur mit einem Faden gearbeitet. Biegen Sie die Ohren bereits jetzt leicht nach oben, dann sind die weiteren Schritte einfacher.

2 Wenn Sie die braunen Perlen der Schnauze aufgefädelt haben (14), ziehen Sie auf ein Fadenende eine rosafarbene Perle und führen den Faden erneut durch die Perlen der Schnauze. Den restlichen Kopf nach der Skizze arbeiten.

3 Der Körper wird an die vier gekennzeichneten Perlen des Kopfes angefügt. Nach jedem Kreis die Fäden gut straff ziehen.

4 Wenn Sie Schritt (27) beendet haben, fahren Sie noch einmal durch die Perlen G bis O und fertigen dabei nach der Fädelskizze die Pfoten und den Schwanz an. Anschließend die Fäden verknoten und einen Abschluss bilden.

Mein Tipp für Sie

Fellfarbe variieren Richtig süß finde ich auch Katzen in Grau-Weiß oder ganz in Weiß. Wer möchte, kann den Kleinen natürlich auch Flecken ins Fell perlen.

Eine wilde Hundebande

frech und verspielt

MOTIVHÖHE
ca. 2,5 cm

MATERIAL
* Rocailles in Dunkelbraun, Braun und Hellbraun transparent, ø 2,6 mm
* Rocailles in Schwarz opak, ø 2,6 mm
* Nylonfaden, 1,30 m und 4 x 30 cm lang

FÄDELSKIZZEN
Skizzenheft Seite 2

1 Zunächst werden Schnauze und Kopf anhand der Fädelskizze gefertigt.

2 Achten Sie bei der ersten Runde des Kopfes darauf, dass der Kreis (8) eigenständig gearbeitet und erst über Kreis (9) an die vorherige Runde angefügt wird. An die Perlen O und H die dunkelbraunen Ohren anfügen.

3 Um den Übergang vom Kopf zum Hals zu fertigen, wenden Sie zunächst den Kopf und fügen Sie hinten die Kreise (17) und (18) an.

4 Jetzt kann mit dem Körper begonnen werden. Folgen Sie hierzu Schritt für Schritt der Fädelskizze. Nach Beendigung von Kreis (40) mit einem Fadenende durch alle Perlen der letzten Runde fahren, um den Kreis zu schließen. Beide Fadenenden müssen wieder aus der Perle R herausschauen.

5 Die Fäden werden nun durch die gekennzeichneten Perlen des Körpers bis zur Perle X geführt, um den Schwanz anzufügen. Fädeln Sie hierzu vier hellbraune Rocailles auf beide Fäden. Anschließend fahren Sie mit den Fadenenden entgegengesetzt durch eine dunkelbraune Perle und verknoten die Enden gut miteinander.

6 Für die Beine werden Extrafäden benötigt. Jedes Bein wird auf die gleiche Weise an die Perlen P und Q des Körpers angefügt. Dies ist sowohl in der Fädelskizze wie auch auf einer gesonderten Abbildung dargestellt. Die Fädelskizze des Beines zeigt eine Version mit dunkleren Pfoten. Fädeln Sie zwei der Beine auf diese Art und benutzen Sie für die anderen beiden Beine nur hellbraune Perlen.

7 Für den sitzenden Hund werden die Hinterbeine an einer anderen Position angebracht. Diese ist in der Fädelskizze des Körpers mit S und T anstelle von P und Q gekennzeichnet. Für den stehenden Hund habe ich im Fell nur braune Perlen verwendet und die Flecken weggelassen.

Mümmelmänner voll auf Zack

Hasenmama und Hasenkinder

MOTIVHÖHE
großer Hase ca. 3,5 cm
kleiner Hase ca. 2,5 cm

MATERIAL

GROSSER HASE

* Rocailles in Dunkelbraun, Braun und Hellbraun transparent, ø 2,6 mm
* Rocailles in Schwarz opak, ø 2,6 mm
* Rocailles in Weiß und Rosa satiniert, ø 2,6 mm
* Nylonfaden, 1,20 m lang

KLEINER HASE

* Rocailles in Dunkelbraun, Braun und Hellbraun transparent, ø 2,6 mm
* Rocailles in Schwarz opak, ø 2,6 mm
* Rocailles in Weiß satiniert, ø 2,6 mm
* Nylonfaden, 1,10 m lang

FÄDELSKIZZEN
Skizzenheft Seite 3

Großer Hase

1 Beginnen Sie mit dem ersten Kreis aus sechs Perlen (1) und folgen Sie der Fädelskizze. Vor dem Fädeln von Kreis (3) und (7) wird mit dem roten Faden an die Perle A jeweils ein Ohr angefügt, wie es neben der Skizze gezeigt wird.

2 Der Körper wird Schritt für Schritt anhand der Skizze gearbeitet. Vor Kreis (22) und (25) werden mit dem blauen Faden an die Perle B je zwei braune Perlen als Vorderpfote gefädelt. Nach Beendigung der letzten Runde mit Kreis (31) fahren Sie mit den Fäden noch einmal durch alle äußeren Perlen der letzten Runde und fügen dabei die Hinterpfoten und das Stummelschwänzchen hinzu. Nun die Fäden noch verknoten, fertig!

Kleiner Hase

1 Der kleine Hase wird wie der große gefädelt. Hier beginnen Sie jedoch mit fünf Perlen und fügen bereits jetzt (1) die kleineren Ohren an die Perlen, die mit A gekennzeichnet sind.

2 Für den Körper der Fädelskizze folgen und vor Kreis (14) und (17) die Vorderpfoten auffädeln. Nach der letzten Runde fahren Sie mit den Fäden noch einmal durch alle äußeren Perlen und erstellen dabei die Hinterpfoten und das Stummelschwänzchen. Die Fäden gut straff ziehen und verknoten.

Mein Tipp für Sie

Fellfarbe variieren Für eine größere Hasenfamilie können Sie auch kleine Hasen in anderen Farbvarianten anfertigen, z. B. ein Häschen mit hellerem Fell. Wählen Sie dann dunklere Perlen für die Pfoten, damit man sie gut erkennt.

Gemütlich auf der Weide

kleine Schaf-Familie

MOTIVHÖHE
Schaf ca. 2 cm
Lamm ca. 1,5 cm

MATERIAL
GROSSES SCHAF
* Rocailles in Weiß und Altrosa satiniert, ø 2,6 mm
* Rocailles in Schwarz opak, ø 2,6 mm
* Rocailles in Braun transparent, ø 2,6 mm
* Nylonfaden, 1 m lang
* Messingdraht, 30 cm lang

KLEINES SCHAF
* Rocailles in Weiß und Altrosa satiniert, ø 2,6 mm
* Rocailles in Schwarz opak, ø 2,6 mm
* Rocailles in Braun transparent, ø 2,6 mm
* Nylonfaden, 80 cm lang
* Messingdraht, 30 cm lang

FÄDELSKIZZEN
Skizzenheft Seite 4

Großes Schaf

1 Beginnen Sie mit der Schnauze, indem Sie einen Kreis aus vier Perlen in Altrosa auffädeln. Ziehen Sie jetzt eine schwarze Perle auf das blaue Fadenende auf und führen es noch einmal durch die erste altrosa Perle. Den Faden erneut durch die schwarze und die ursprüngliche altrosa Perle führen.

2 Fertigen Sie nun Kreis (2) und folgen Sie der Fädelskizze. Nach dem Fädeln der Ohren die Fäden gut straff ziehen. Kreuzen Sie beide Fäden durch Perle A und führen Sie einen der Fäden noch einmal durch die äußere altrosa Perle der Runde (3). Den Faden wieder durch Perle A führen und die Fäden straff ziehen.

3 Der Körper wird Schritt für Schritt nach der Fädelskizze gefertigt. Nach dem letzten Kreis (39) schauen beide Fäden aus Perle X heraus.

4 Fahren Sie mit dem roten Faden durch die drei Perlen des Körpers, wie es in der Skizze gezeigt wird. Nun den Schwanz aus drei altrosa Perlen aufziehen und den Faden durch die Perlen des Körpers zurück zum Ausgang führen. Verknoten Sie jetzt noch die Fäden.

5 Für die Beine nehmen Sie ein Stück Messingdraht. Fädeln Sie zunächst ein Bein auf und fahren Sie mit dem Draht durch die Perlen des Körpers. Jetzt wird das nächste Bein aufgefädelt und der Draht wieder durch die Körperperlen geführt und so weiter. Die Drähte verdrillen und abschneiden.

Kleines Schaf

1 Das kleine Schaf wird analog zum großen Schaf gearbeitet. Der Kopf erhält jedoch keine Ohren.

2 Den Körper Schritt für Schritt nach der Fädelskizze fertigen. Wenn Sie den letzten Kreis (23) beendet haben, fädeln Sie den Schwanz auf. Anschließend mit dem Faden durch die restlichen äußeren Perlen der letzten Runde fahren und die Fäden verknoten.

3 Fädeln Sie ein Bein auf ein Stück Messingdraht auf und fahren Sie mit dem Draht durch die gekennzeichneten Perlen des Körpers. Jetzt wird das nächste Bein aufgefädelt und der Draht erneut durch Körperperlen geführt. Folgen Sie für die restlichen Beine der Skizze und verdrillen Sie zum Schluss die Drähte.

Schwarz-weiß gefleckt

Milchkuh Frieda

MOTIVHÖHE
ca. 5 cm

MATERIAL

* Rocailles in Weiß und Rosa satiniert, ø 2,6 mm
* Rocailles in Schwarz opak, ø 2,6 mm
* 2 Rocailles in Schwarz opak, ø 3 mm
* Nylonfaden, 80 cm, 90 cm und 4 x 30 cm lang

FÄDELSKIZZEN
Skizzenheft Seite 5

1 Beginnen Sie mit dem Kopf der Kuh. Die ersten drei Kreise werden gerade aneinander gefädelt. Von hier an arbeiten Sie um diese Basis herum. Nach Kreis (4) und Kreis (7) ziehen Sie auf den roten Faden die Perlen für das Ohr. Dies ist in der Skizze mit einem Dreieck gekennzeichnet. Gut straff ziehen, sodass das Ohr ganz nah an der letzten weißen Perle sitzt! Anschließend wie gewohnt weiterfädeln.

2 Den Kopf der Kuh so halten, dass Sie das Loch unten vor sich sehen und die Ohren von Ihnen weg nach oben zeigen. Verschließen Sie das Loch, wie es in der Fädelskizze gezeigt wird. Die Fäden verknoten.

3 Für den Körper benötigen Sie einen neuen Faden. Kreis (1) wird ganz normal gefädelt. Jetzt ziehen Sie auf den blauen Faden eine weiße Perle auf, führen ihn durch die Perle Y des Kopfes und fädeln zwei weitere Perlen auf. Nun den blauen Faden durch die Perle X des Kopfes führen und Kreis 2 beenden, indem Sie beide Fäden durch eine weiße Perle kreuzen. Die Stellen, an denen der Kopf auf diese Weise angebracht wird, sind wieder mit einem Dreieck gekennzeichnet.

4 Von nun an den restlichen Körper nach der Skizze fädeln. Zum Schluss fahren Sie mit einem Faden noch einmal durch alle äußeren Perlen der letzten Runde und fädeln den Schwanz auf. Die Fäden verknoten.

5 Die Beine werden vom Körper ausgehend mit Extrafäden gefertigt. Ziehen Sie je einen Faden durch Perle P des Körpers und folgen Sie der Skizze. Ich habe drei Beine der Kuh in Weiß gefädelt und eines gefleckt. Beide Varianten finden Sie in der Skizze.

Rosa Glücksbringer

Kleine Schweine ganz groß!

MOTIVHÖHE
Schwein ca. 2,5 cm
Ferkel ca. 1,5 cm

MATERIAL

SCHWEIN

* Rocailles in Rosa satiniert, ø 2,6 mm
* Rocailles in Pink transparent, ø 2,6 mm
* Rocailles in Schwarz opak, ø 3 mm
* Nylonfaden, 1,20 m und 4 x 20 cm lang

FERKEL

* Rocailles in Rosa satiniert, ø 2,6 mm
* Rocailles in Pink transparent, ø 2,6 mm
* Rocailles in Schwarz opak, ø 2,6 mm
* Nylonfaden, 90 cm lang

FÄDELSKIZZEN
Skizzenheft Seite 6+7

Schwein

1 Kopf und Körper des Schweins werden am Stück gearbeitet. Beginnen Sie bei Kreis (1) und folgen Sie der Skizze. Nach Kreis (23) und (26) wird an Perle X jeweils ein Ohr gefädelt. Danach wie gewohnt weiterarbeiten.

2 Nach Beendigung des Körpers schauen beide Perlen aus Perle A heraus. Fädeln Sie mit dem blauen Fadenende durch die Perlen B bis E und ziehen Sie dann den Schwanz auf. Damit dieser sich leicht ringelt, müssen Sie beim Zurückfädeln jeweils eine Perle auslassen. Die Fäden verknoten.

3 Ziehen Sie für die Beine je einen Extrafaden durch die Perle G am Körper. Der Fädelskizze folgen und zum Schluss die Fäden verknoten.

Ferkel

1 Beginnen Sie mit der Schnauze des Ferkels und folgen Sie der Fädelskizze. Nach Kreis (12) und (13) wird jeweils mit einem Faden eine Perle in Pink als Füßchen aufgefädelt. Beim Fertigen von Kreis (17) und (18) ziehen Sie die Ohren entsprechend der Skizze auf. Die Hinterbeine werden nach Kreis (27) und (28) eingefügt.

2 Nach Beendigung des Körpers fahren Sie mit beiden Fäden so durch die äußeren Perlen der letzten Runde, dass beide Fäden aus Perle C herausschauen. Nun den kleinen Schwanz fädeln, die Fäden verknoten, fertig!

Fröhliches Gegacker

Gockel, Henne und kleine Küken

MOTIVHÖHE
Küken ca. 1 cm

MATERIAL
KÜKEN
* Rocailles in Gelb und Orange transparent, ø 2,6 mm
* Rocailles in Schwarz opak, ø 2,6 mm
* Nylonfaden, 60 cm lang

FÄDELSKIZZEN
Skizzenheft Seite 9

Küken

1 Der Körper des Kükens wird anhand der Fädelskizze Schritt für Schritt gefertigt.

2 Fahren Sie nun mit den Fäden durch die in der ersten und zweiten Skizze gekennzeichneten Perlen und kreuzen Sie sie durch die Schnabelperle.

3 Drehen Sie das Küken auf die Seite und fädeln Sie nun der Skizze folgend Beinchen und Flügel. Die andere Seite des Kükens spiegelverkehrt fertigen. Führen Sie die Fäden zusammen und verknoten Sie sie.

MOTIVHÖHE
Hahn und Henne ca. 2,5 cm

MATERIAL
HAHN UND HENNE
* Rocailles in Weiß satiniert, ø 2,6 mm
* Rocailles in Gelb und Rot transparent, ø 2,6 mm
* Rocailles in Schwarz opak, ø 2,6 mm
* Nylonfaden, je 1 x 90 cm und 1 x 20 cm lang

ZUSÄTZLICH FÜR HAHN
* Rocailles in Grün und Blau transparent, ø 2,6 mm
* Messingdraht, 35 cm lang

FÄDELSKIZZEN
Skizzenheft Seite 8

Hahn und Henne

1 Hahn und Henne werden beinahe gleich gefertigt. Beginnen Sie mit dem Schnabel anhand der Fädelskizze. Der Hahn erhält in Schritt (4) einen kleinen Kehllappen. Die Perlen A bis E bilden den Ausgang für den Körper.

2 Fädeln Sie den Körper Schritt für Schritt nach der Fädelskizze. An Perle X werden die Flügel angebracht, sodass sie nach oben zeigen. Fädeln Sie sie nur mit einem Faden. Während der Fertigung von Kreis (26) und (28) werden die Füße mit eingearbeitet.

3 Um den Rücken des Hahns bzw. der Henne zu schließen, drehen Sie die Figur um. Folgen Sie der Skizze und fädeln Sie Schritt (33) bis (35).

4 Der Schwanz wird direkt an den unteren Rücken angefädelt. Ziehen Sie die Fäden gut straff, damit die weiße Schwanzspitze ordentlich absteht.

5 Der Hahn erhält zusätzlich prächtige Schwanzfedern. Dazu ziehen Sie einen gelben Perlenstab in die Mitte eines Messingdrahtes. Auf beide Enden fädeln Sie einen weiteren (grünen) Perlenstab. Nun werden die Fadenenden wie in der Skizze gezeigt in den Schwanz eingearbeitet. Fädeln Sie noch die blauen und roten Federn auf. Die Drähte zum Schluss abschneiden.

6 Beide Federtiere bekommen natürlich einen Kamm. Dieser wird mit einem neuen Faden auf den Kopf gesetzt. Ziehen Sie den Faden durch die Perle T und kreuzen Sie beide Enden zunächst durch zwei rote Perlen und dann durch eine rote Perle.

7 Fädeln Sie mit jedem Fadenende eine weitere rote Perle auf und fahren Sie durch die erste Perle noch einmal hindurch. Jetzt wieder durch zwei Perlen kreuzen und die Fäden entgegengesetzt durch die Perle U des Kopfes führen. Der zweite Teil wird ähnlich gearbeitet. Führen Sie zum Schluss einen Faden durch die Perle F des Kopfes. Die Fäden verknoten.

Kleine Naschkatzen

Seite 2

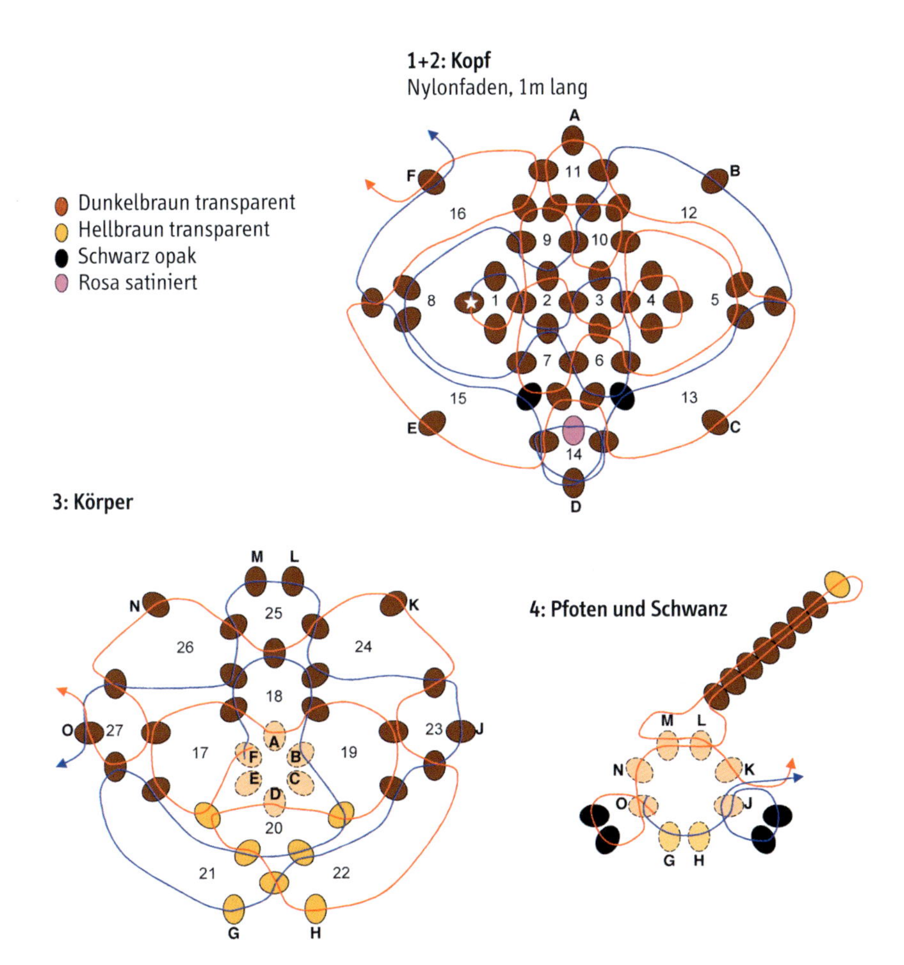

Eine wilde Hundebande

Seite 4

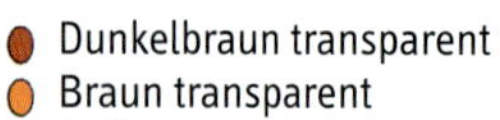

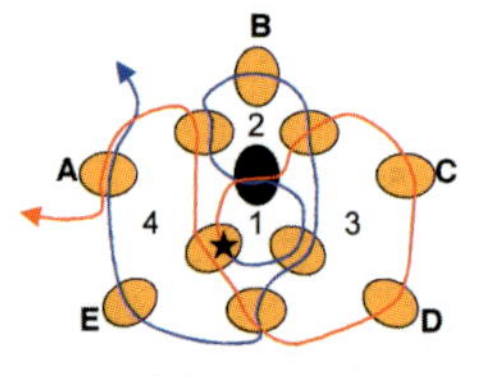

1: Schnauze
Nylonfaden, 1,30 m lang

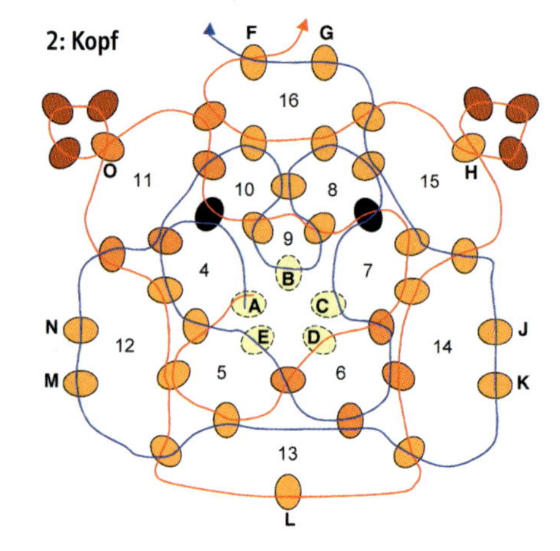

2: Kopf

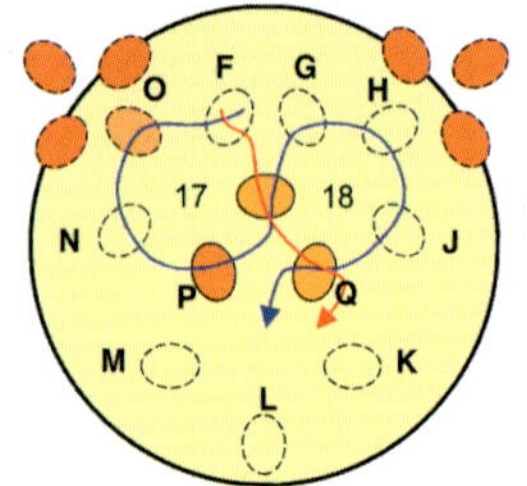

3: Kopf von hinten

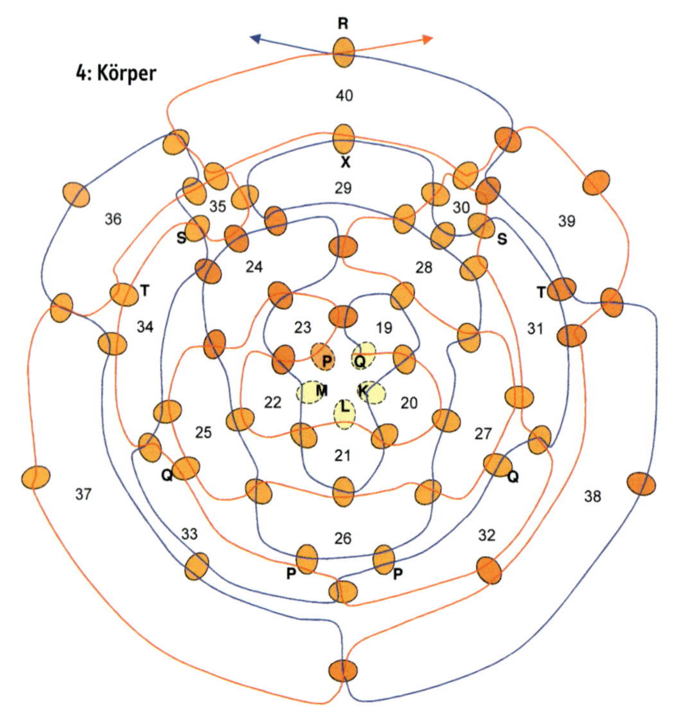

4: Körper

5: Schwanz; Ansicht von hinten

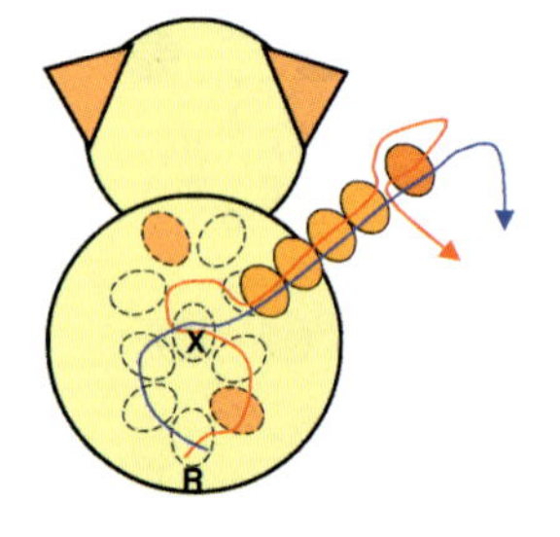

6: Beine; Ansicht von hinten
4 x Nylonfaden, 30 cm lang

Mümmelmänner voll auf Zack

Seite 6

großer Hase

- Dunkelbraun transparent
- Braun transparent
- Hellbraun transparent
- Schwarz opak
- Weiß satiniert
- Rosa satiniert

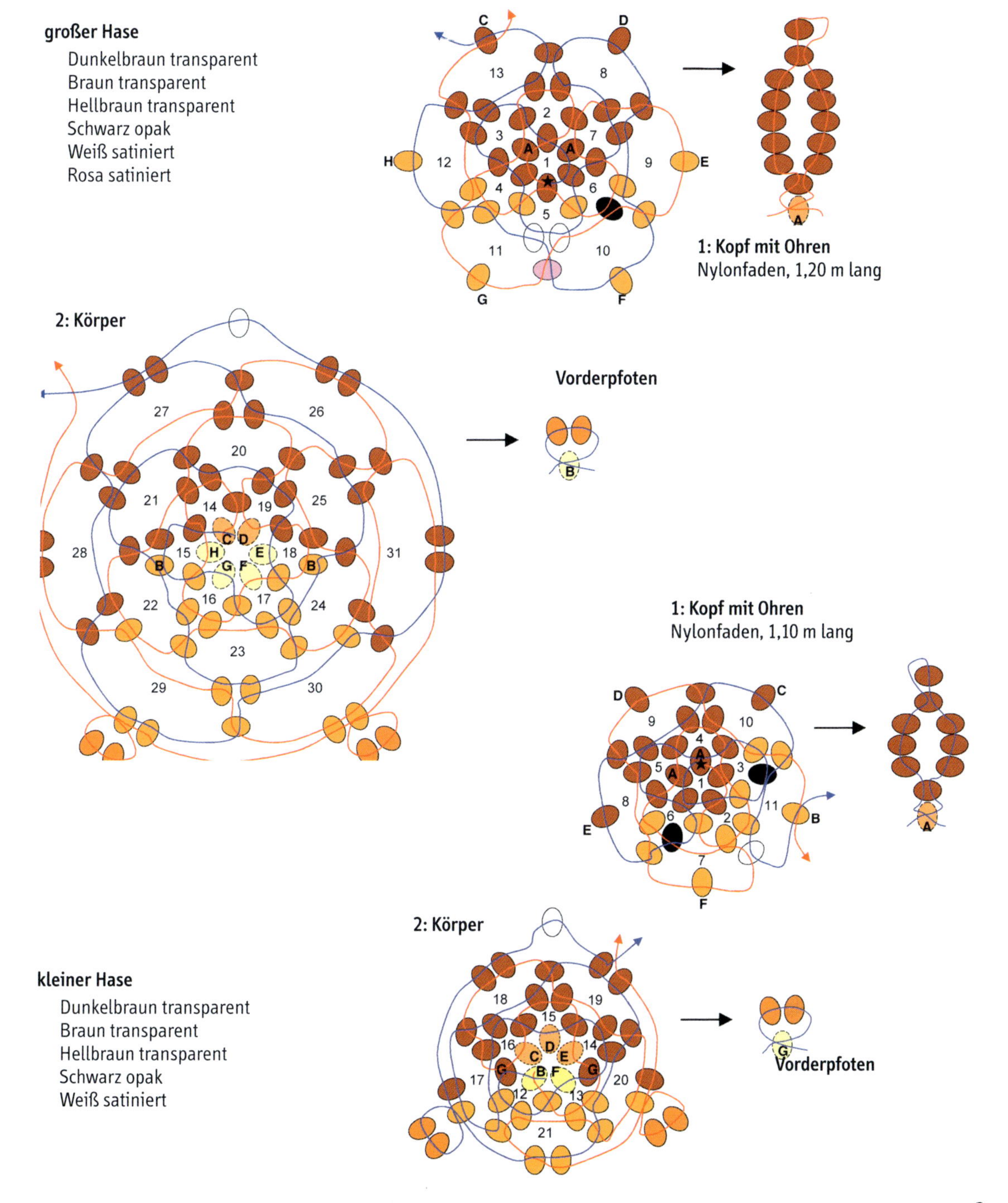

kleiner Hase

- Dunkelbraun transparent
- Braun transparent
- Hellbraun transparent
- Schwarz opak
- Weiß satiniert

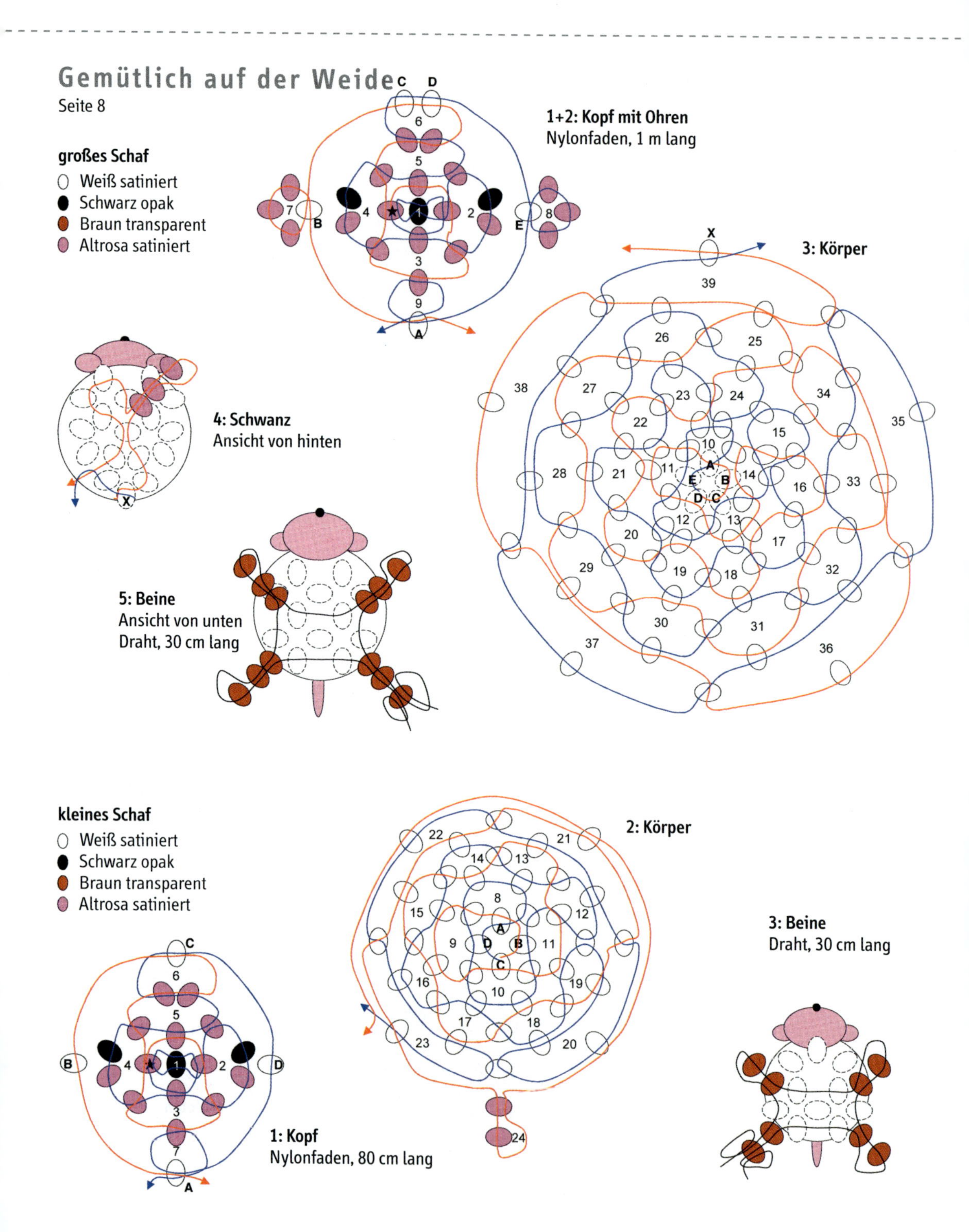
Gemütlich auf der Weide
Seite 8
großes Schaf
Weiß satiniert
Schwarz opak
Braun transparent
Altrosa satiniert
1+2: Kopf mit Ohren
Nylonfaden, 1 m lang
3: Körper
4: Schwanz
Ansicht von hinten
5: Beine
Ansicht von unten
Draht, 30 cm lang
kleines Schaf
Weiß satiniert
Schwarz opak
Braun transparent
Altrosa satiniert
2: Körper
3: Beine
Draht, 30 cm lang
1: Kopf
Nylonfaden, 80 cm lang

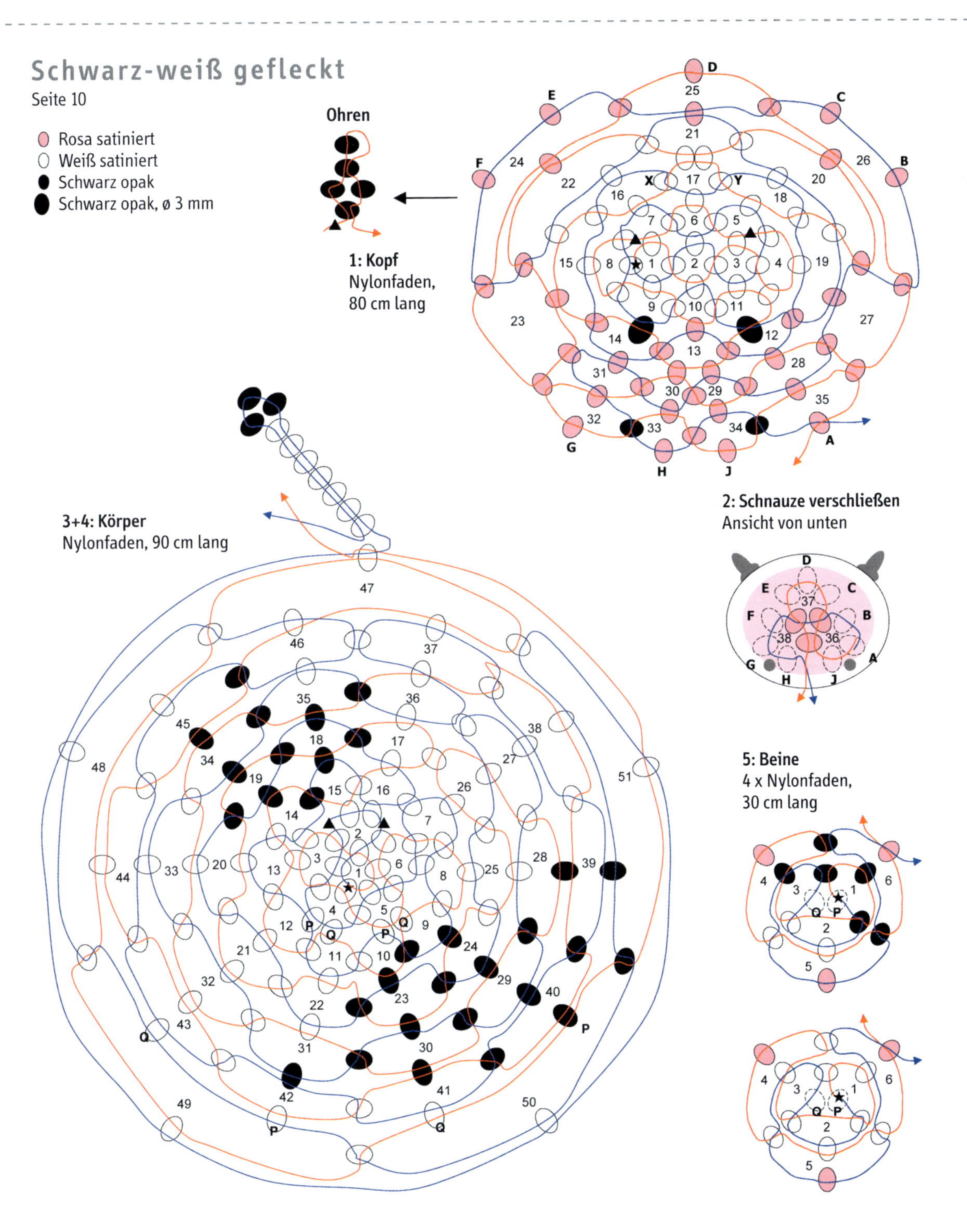
Schwarz-weiß gefleckt
Seite 10
Rosa satiniert
Weiß satiniert
Schwarz opak
Schwarz opak, ø 3 mm
Ohren
1: Kopf
Nylonfaden, 80 cm lang
2: Schnauze verschließen
Ansicht von unten
3+4: Körper
Nylonfaden, 90 cm lang
5: Beine
4 x Nylonfaden, 30 cm lang

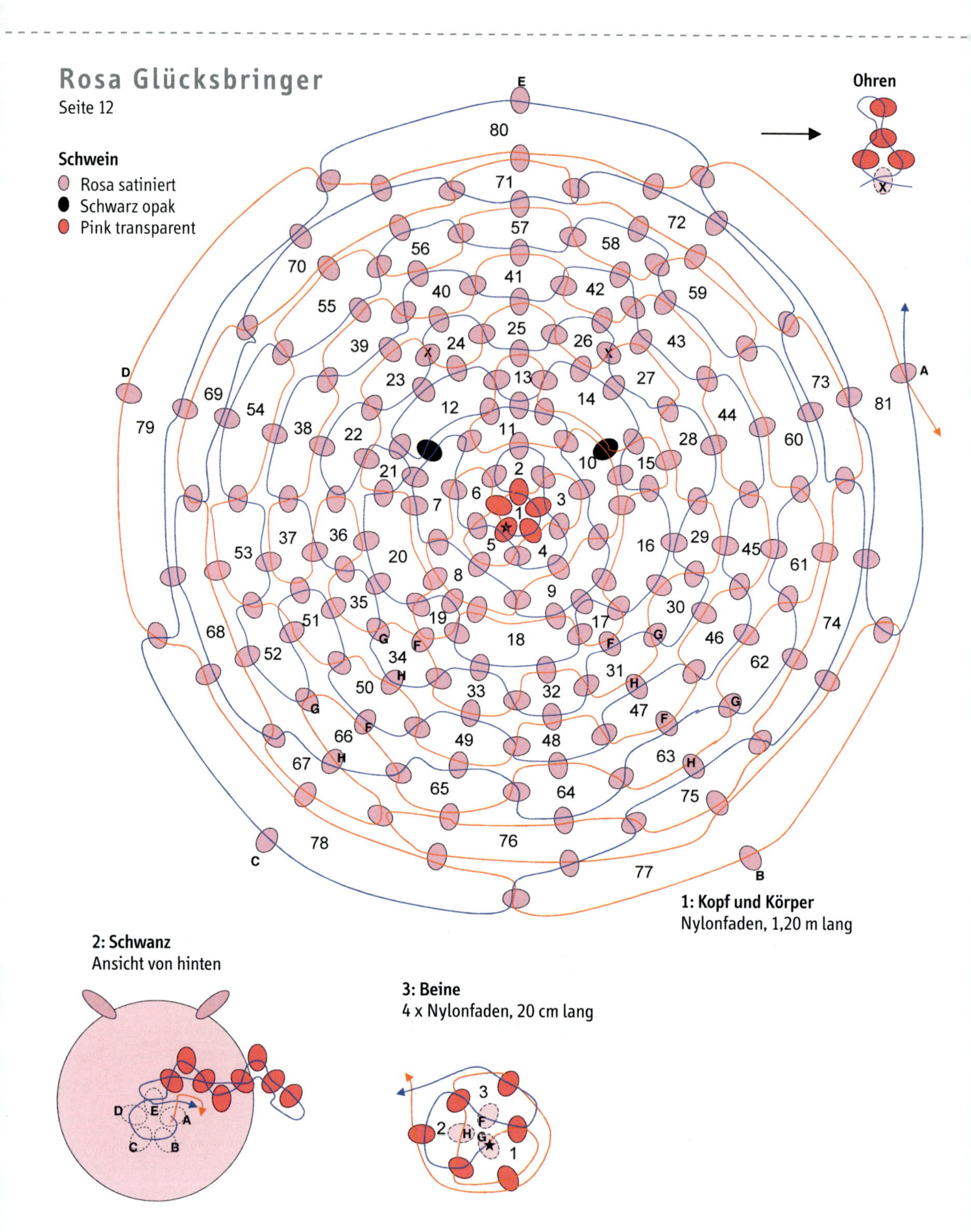
Rosa Glücksbringer
Seite 12
Schwein
Rosa satiniert
Schwarz opak
Pink transparent
Ohren
1: Kopf und Körper
Nylonfaden, 1,20 m lang
2: Schwanz
Ansicht von hinten
3: Beine
4 x Nylonfaden, 20 cm lang

Rosa Glücksbringer

Seite 12

Ferkel

- Rosa satiniert
- Schwarz opak
- Pink transparent

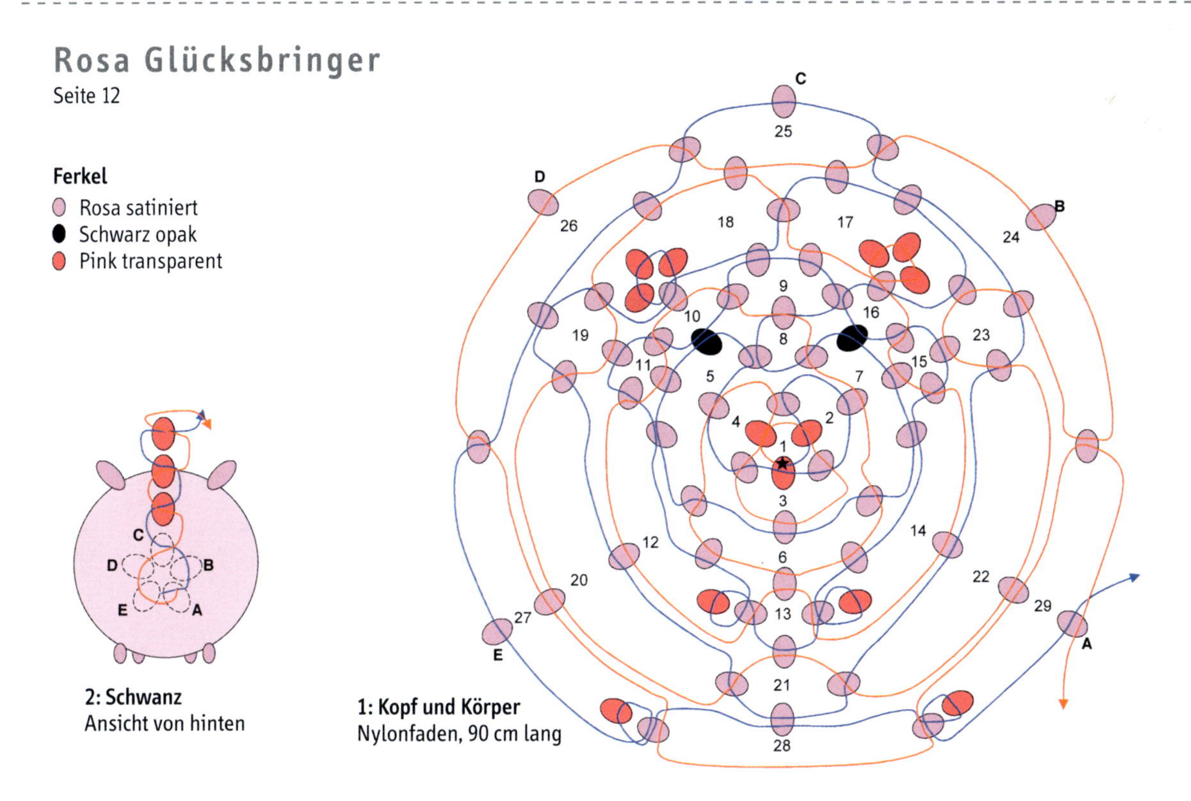

2: Schwanz
Ansicht von hinten

1: Kopf und Körper
Nylonfaden, 90 cm lang

Kunterbuntes Treiben

Seite 30

alle Vögel

- Grün transparent
- Weiß satiniert
- Gelb transparent
- Schwarz opak

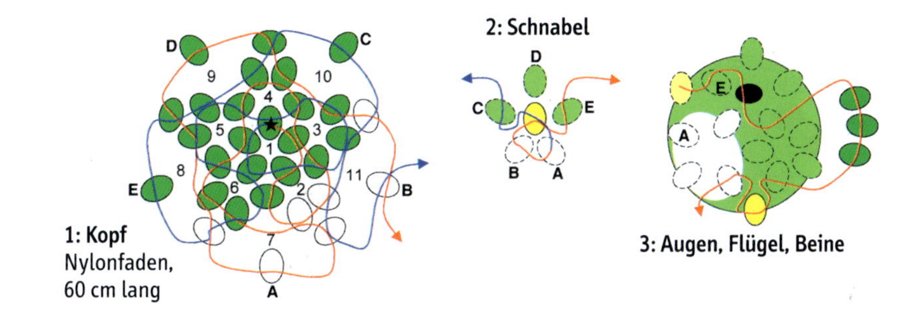

1: Kopf
Nylonfaden,
60 cm lang

2: Schnabel

3: Augen, Flügel, Beine

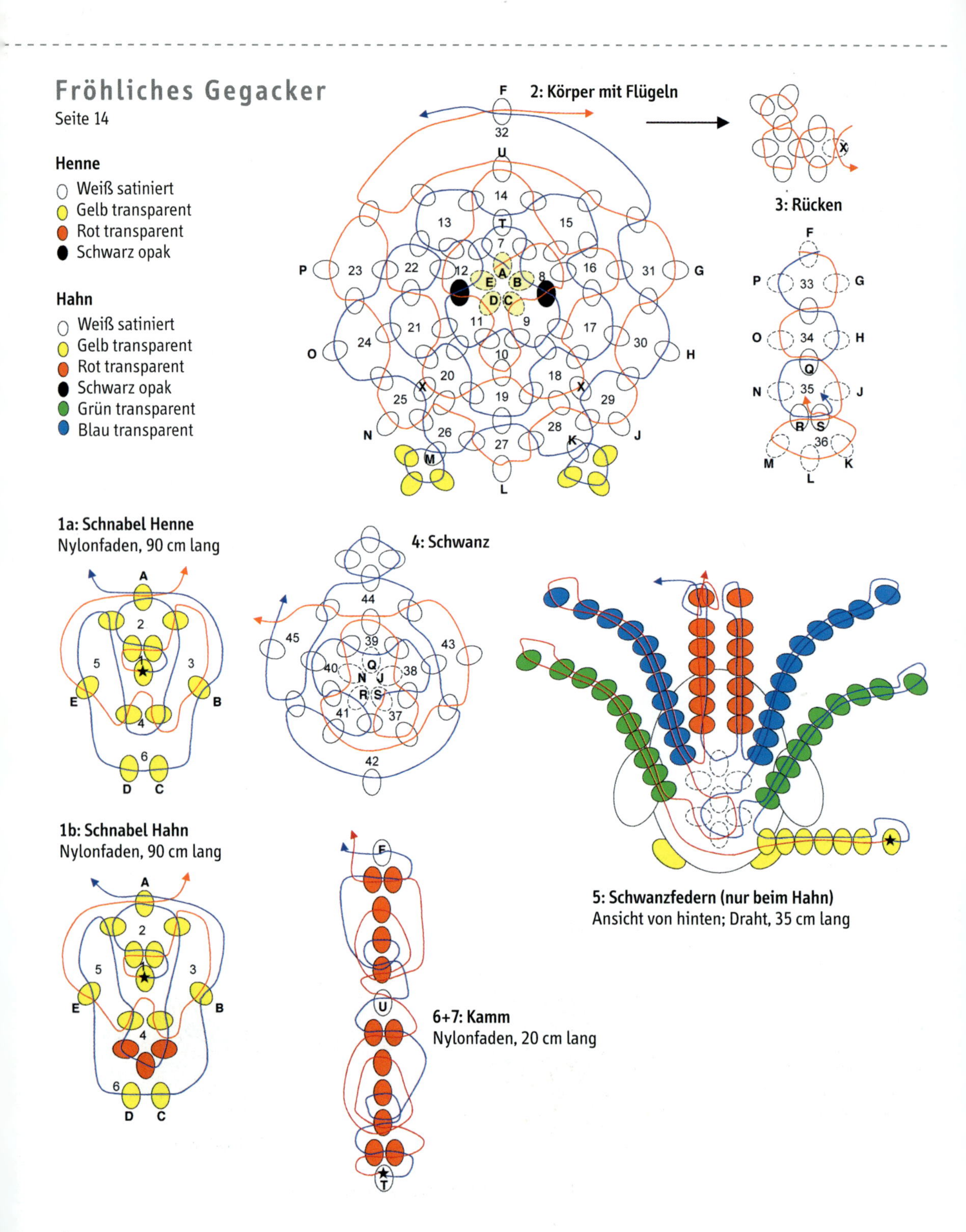
Fröhliches Gegacker
Seite 14
Henne
Weiß satiniert
Gelb transparent
Rot transparent
Schwarz opak
Hahn
Weiß satiniert
Gelb transparent
Rot transparent
Schwarz opak
Grün transparent
Blau transparent
2: Körper mit Flügeln
3: Rücken
1a: Schnabel Henne
Nylonfaden, 90 cm lang
4: Schwanz
1b: Schnabel Hahn
Nylonfaden, 90 cm lang
5: Schwanzfedern (nur beim Hahn)
Ansicht von hinten; Draht, 35 cm lang
6+7: Kamm
Nylonfaden, 20 cm lang

Fröhliches Gegacker

Seite 14

Küken

- Gelb transparent
- Orange transparent
- Schwarz opak

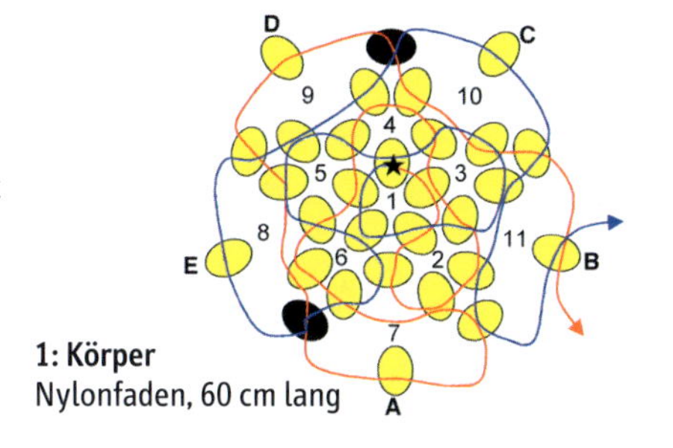

1: Körper
Nylonfaden, 60 cm lang

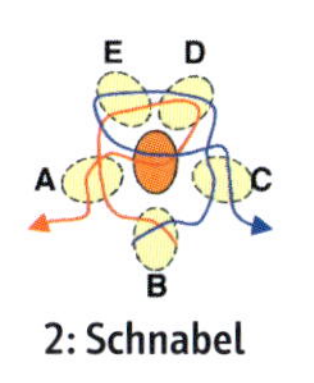

2: Schnabel

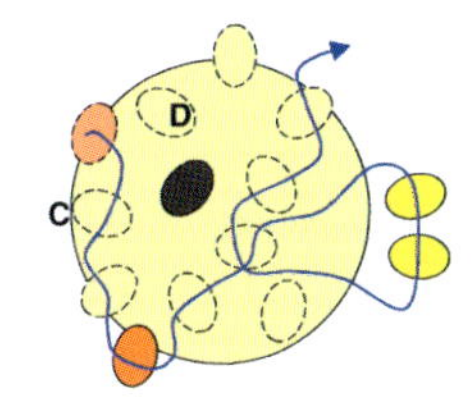

3: Beine, Flügel

Heimische Vögelchen

Seite 24

Amsel

- Schwarz opak
- Gelb opak
- Blau transparent

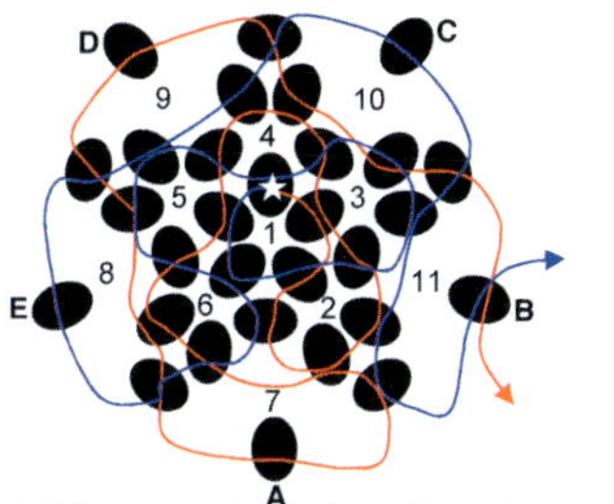

1: Körper; Nylonfaden, 60 cm lang

2: Schnabel

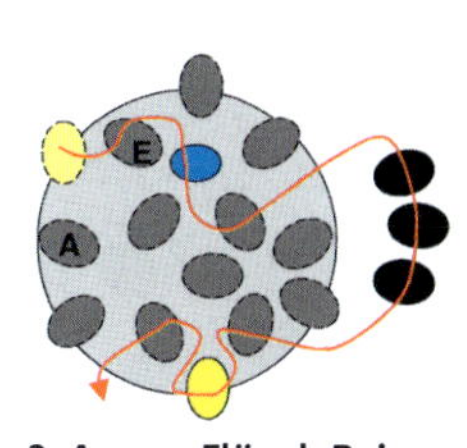

3: Augen, Flügel, Beine

Blaumeise

- Blau transparent mit Farbeinzug
- Weiß satiniert
- Gelb transparent mit Farbeinzug
- Schwarz opak
- Grau transparent

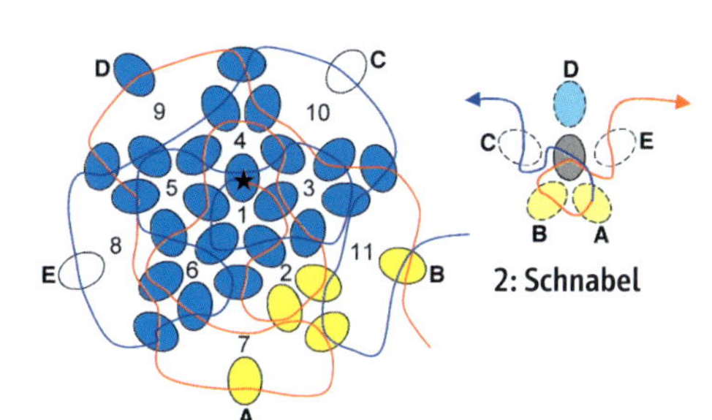

2: Schnabel

1: Körper; Nylonfaden, 60 cm lang

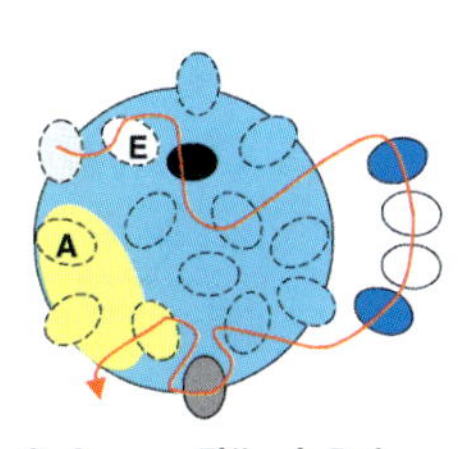

3: Augen, Flügel, Beine

Spatz

- Dunkelbraun transparent
- Braun transparent
- Hellbraun transparent
- Schwarz opak
- Grau opak

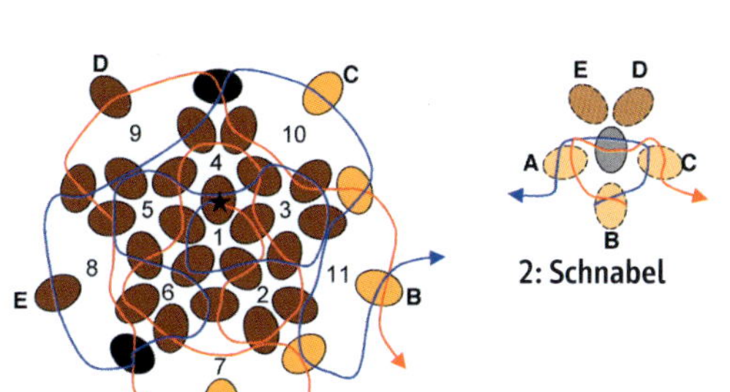

2: Schnabel

1: Körper; Nylonfaden, 60 cm lang

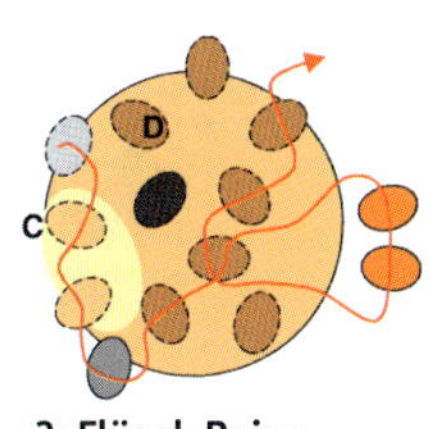

3: Flügel, Beine

Frisch aus dem Meer

Seite 17

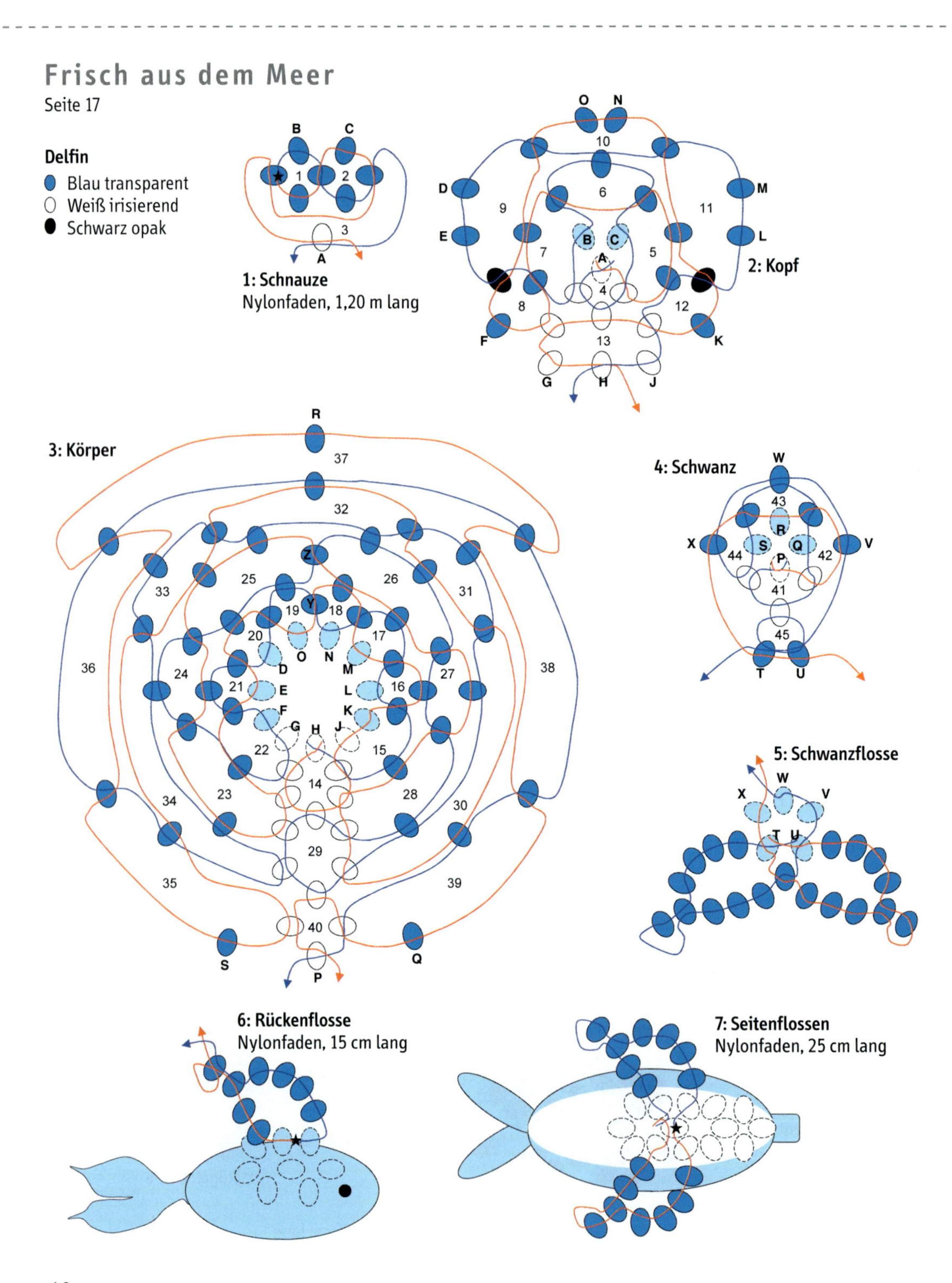

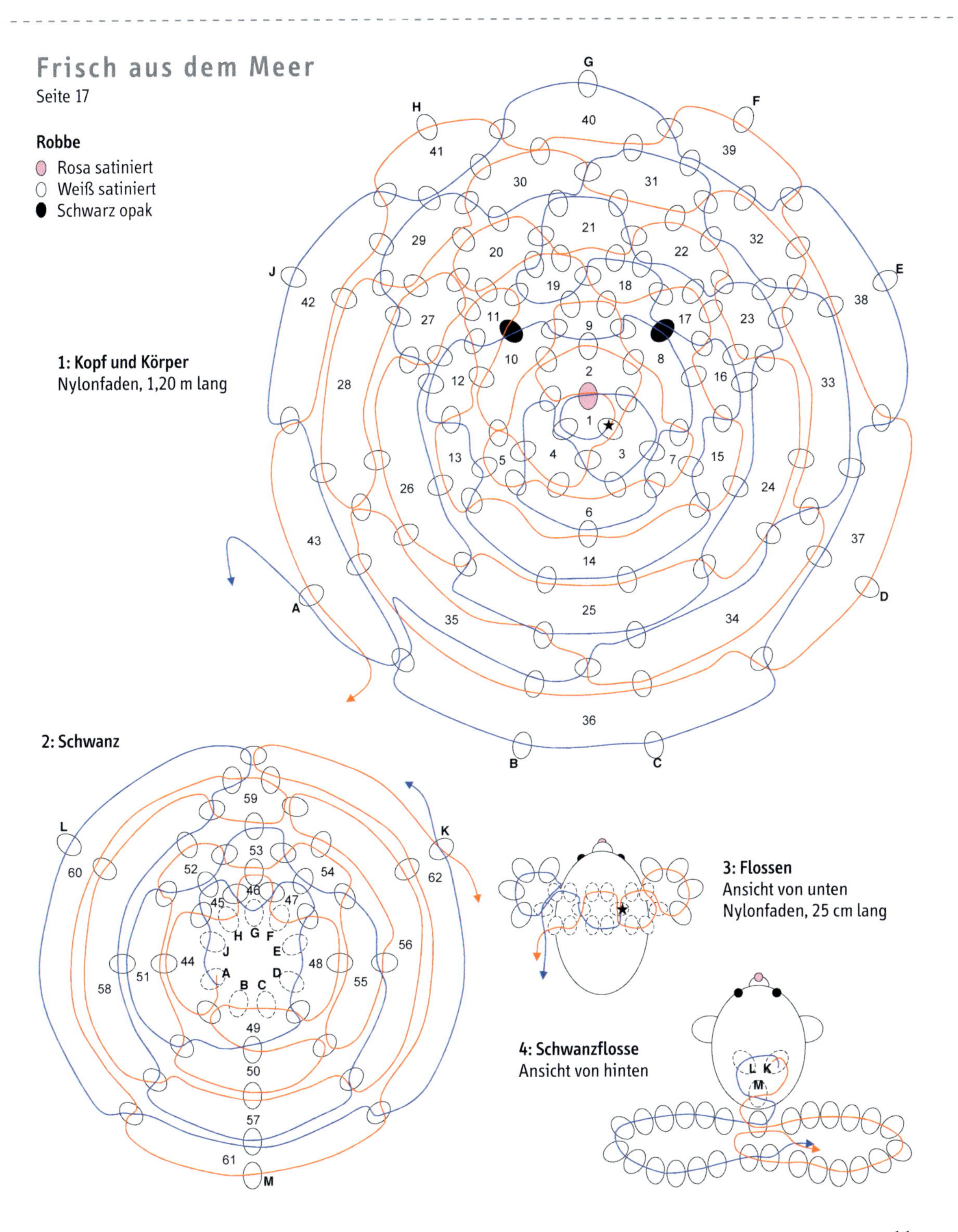

Frisch aus dem Meer
Seite 17
Robbe
Rosa satiniert
Weiß satiniert
Schwarz opak
1: Kopf und Körper
Nylonfaden, 1,20 m lang
2: Schwanz
3: Flossen
Ansicht von unten
Nylonfaden, 25 cm lang
4: Schwanzflosse
Ansicht von hinten

Frisch aus dem Meer

Seite 17

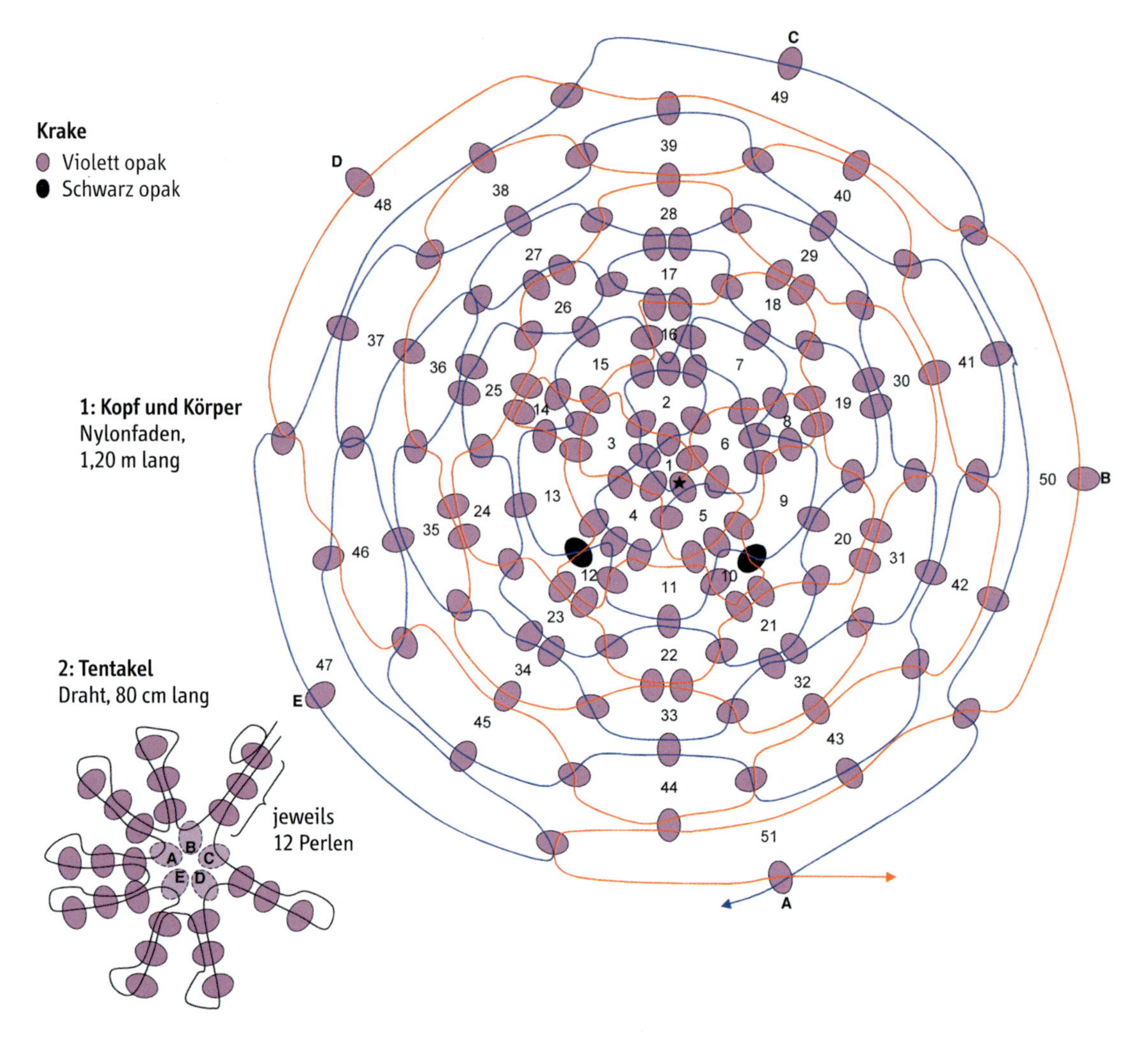

Zwei putzige Pelzträger

Seite 22

großer Bär

- Dunkelbraun matt
- Hellbraun matt
- Schwarz opak

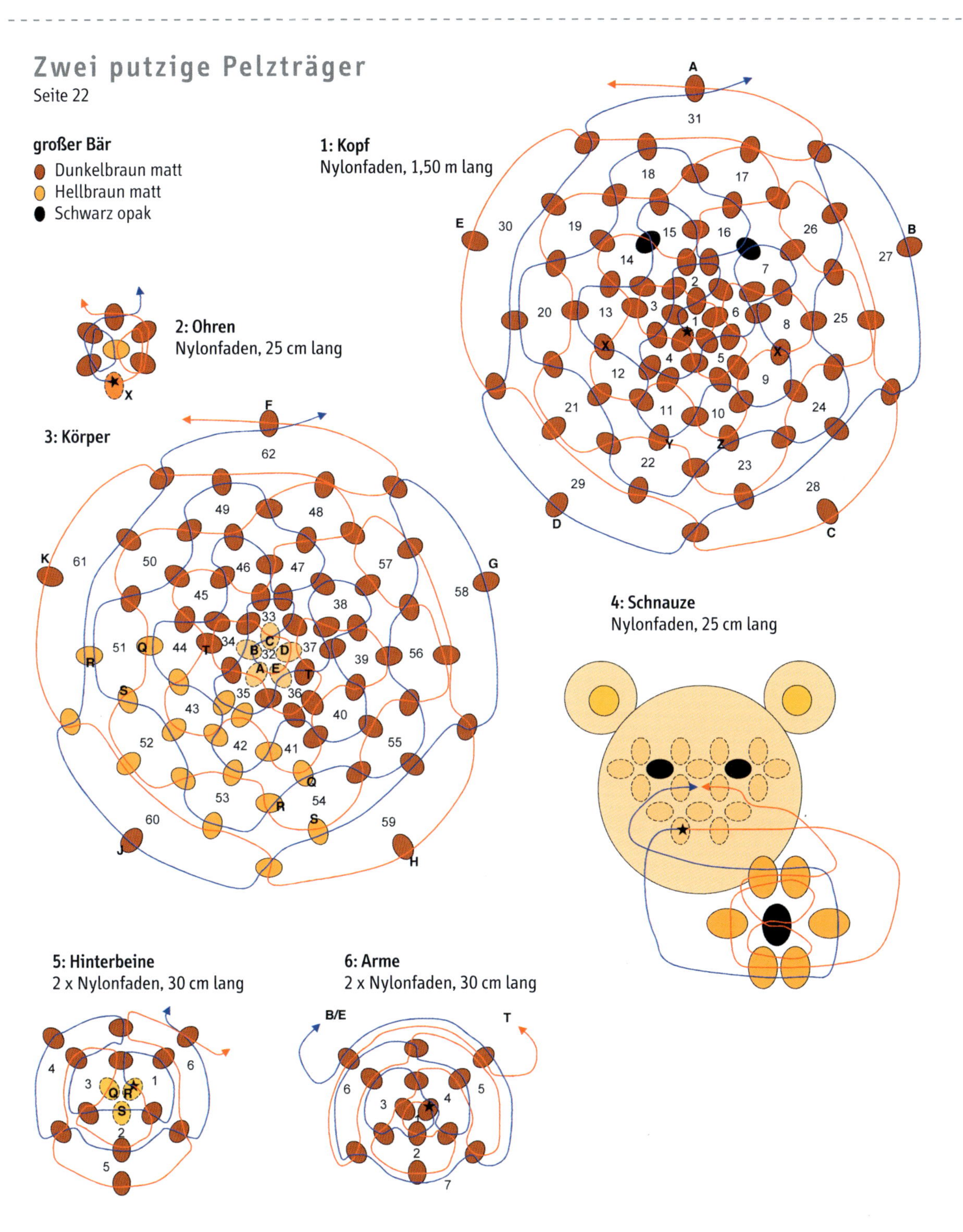

1: Kopf
Nylonfaden, 1,50 m lang

2: Ohren
Nylonfaden, 25 cm lang

3: Körper

4: Schnauze
Nylonfaden, 25 cm lang

5: Hinterbeine
2 x Nylonfaden, 30 cm lang

6: Arme
2 x Nylonfaden, 30 cm lang

Zwei putzige Pelzträger

Seite 22

kleiner Bär

- Dunkelbraun matt
- Hellbraun matt
- Schwarz opak

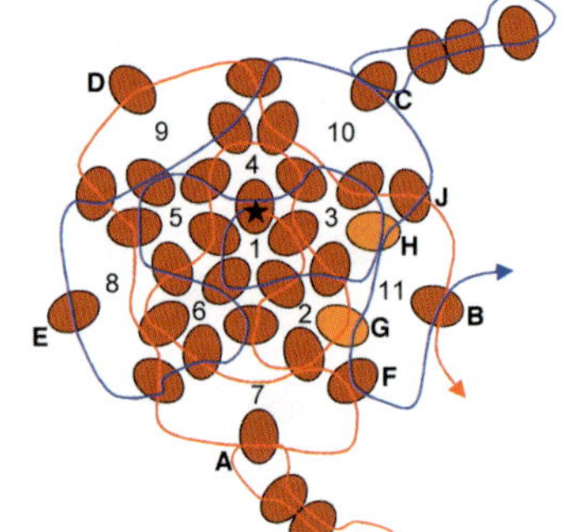

1: Kopf und Arme
Nylonfaden, 50 cm lang

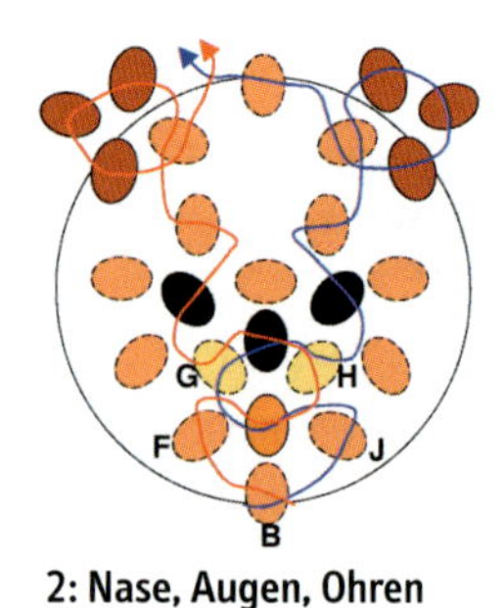

2: Nase, Augen, Ohren

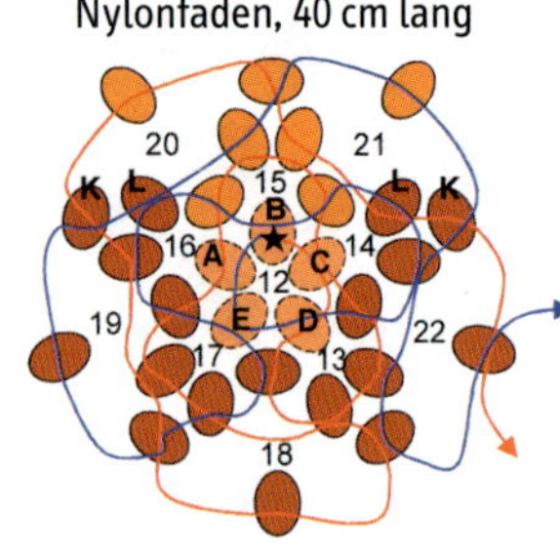

3: Körper
Nylonfaden, 40 cm lang

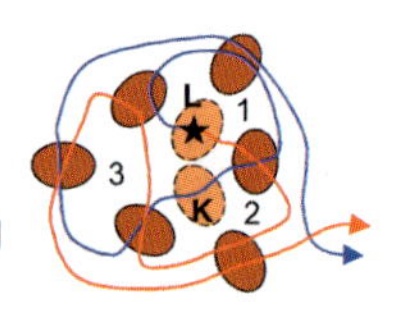

4: Hinterbeine
2 x Nylonfaden, 20 cm lang

Gutmütige Dickhäuter

Seite 28

kleiner Elefant

- Hellblau transparent mit Farbeinzug
- Weiß satiniert
- Schwarz opak

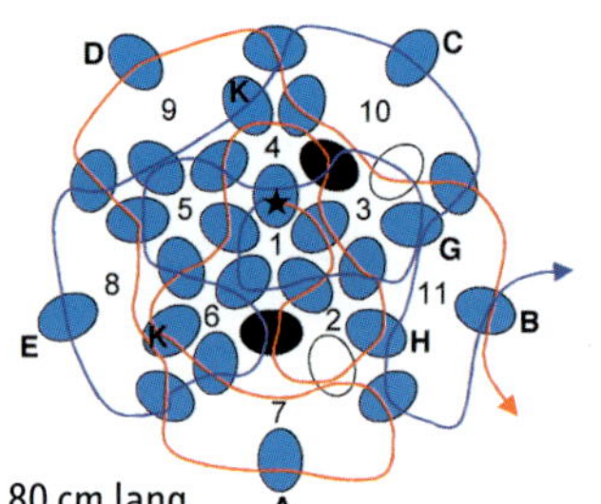

1: Kopf
Nylonfaden, 80 cm lang

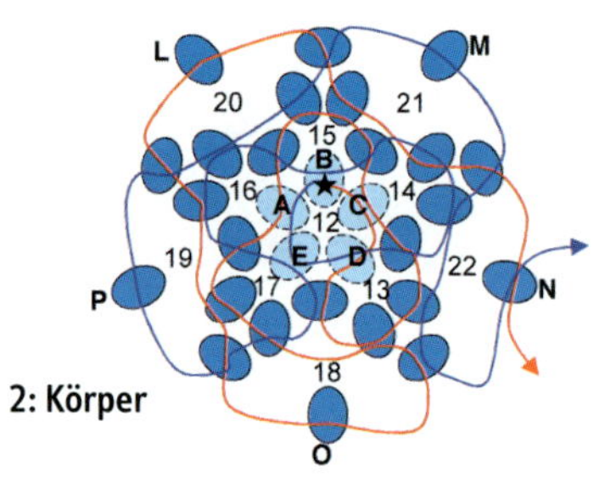

2: Körper

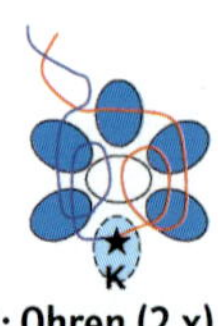

3: Ohren (2 x)
Nylonfaden, 15 cm lang

4: Rüssel
Nylonfaden, 30 cm lang

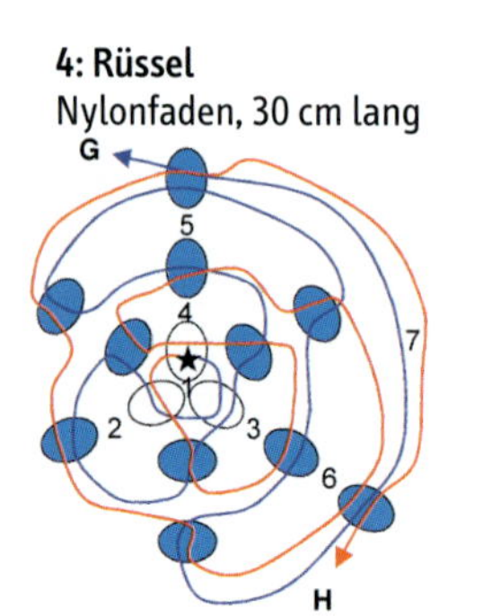

5: Schwanz

6: Beine; Draht, 25 cm lang

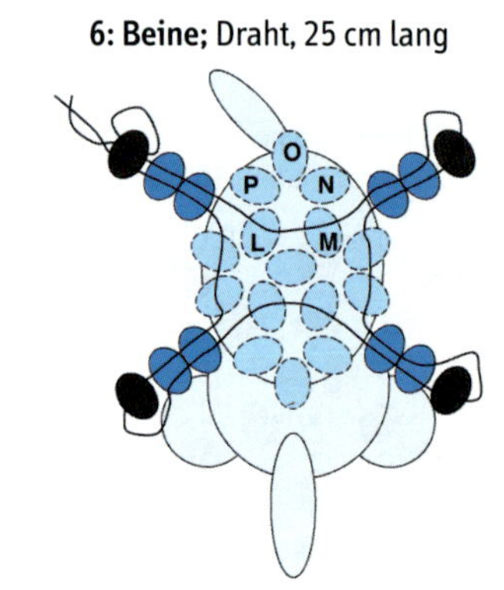

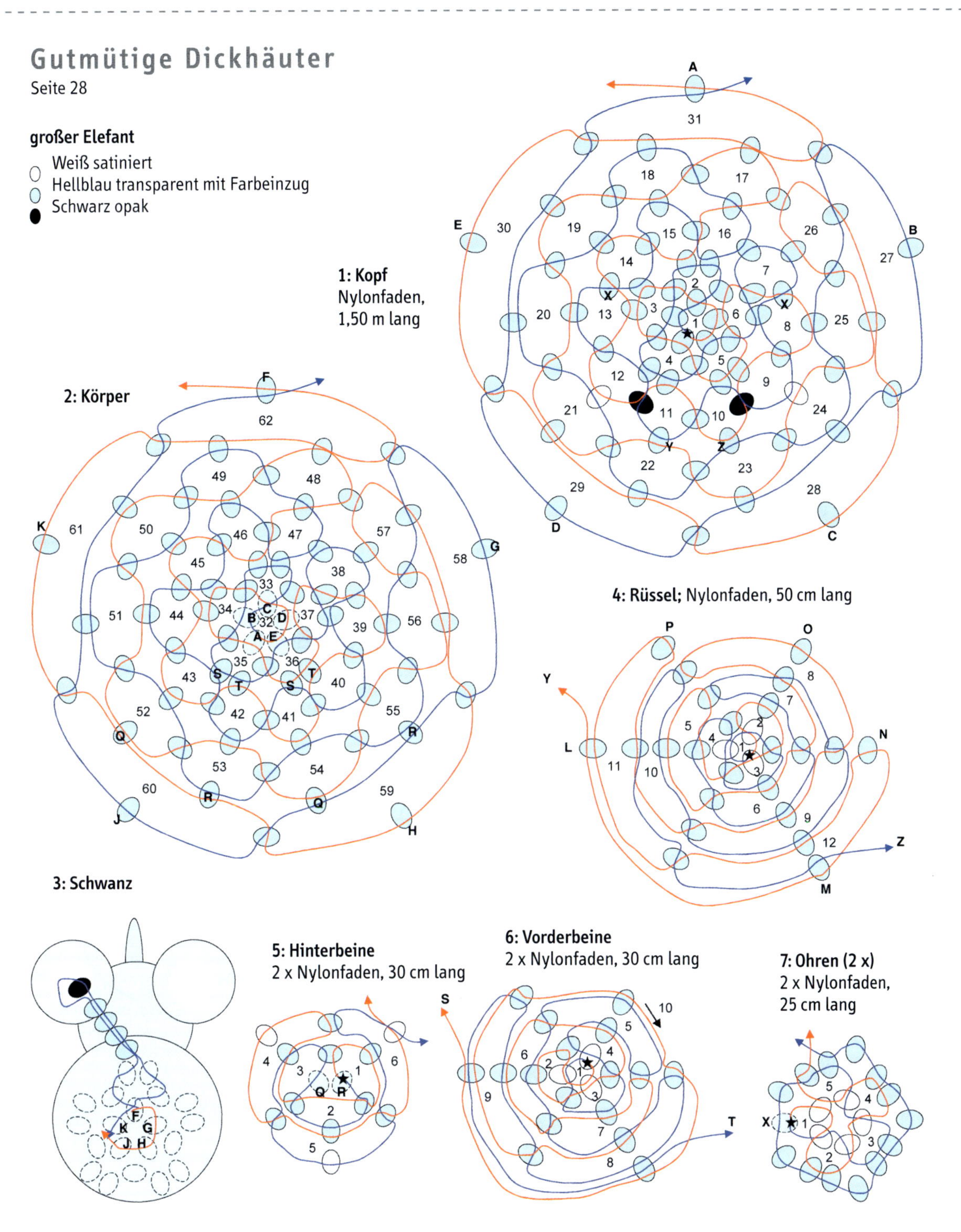
Gutmütige Dickhäuter
Seite 28
großer Elefant
Weiß satiniert
Hellblau transparent mit Farbeinzug
Schwarz opak
1: Kopf
Nylonfaden,
1,50 m lang
2: Körper
3: Schwanz
4: Rüssel; Nylonfaden, 50 cm lang
5: Hinterbeine
2 x Nylonfaden, 30 cm lang
6: Vorderbeine
2 x Nylonfaden, 30 cm lang
7: Ohren (2 x)
2 x Nylonfaden,
25 cm lang

Da geht's drunter und drüber

Seite 26

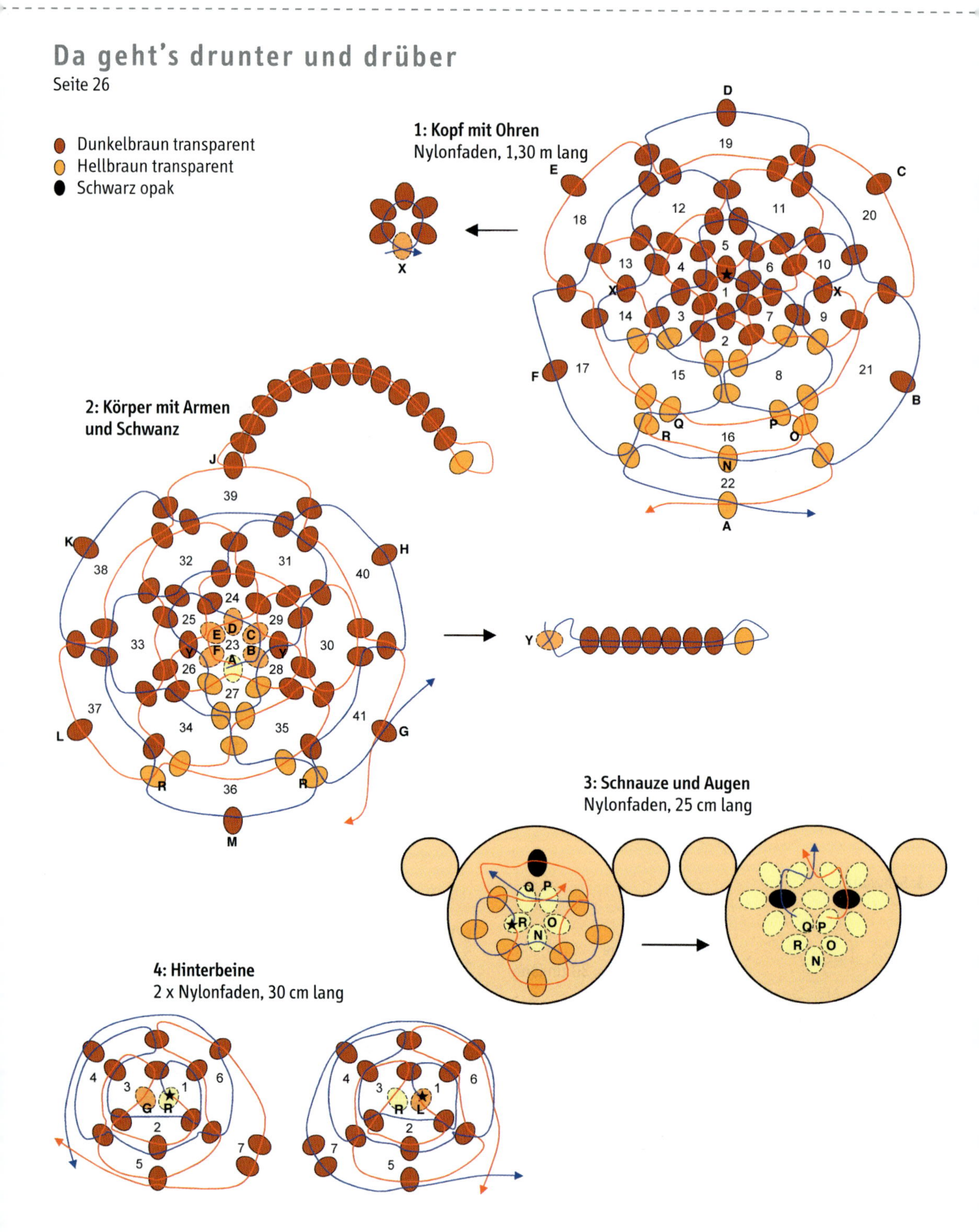

Frisch aus dem Meer

Delfin, Robbe und Kraken

MOTIVLÄNGE
Delfin ca. 3,5 cm

MATERIAL
DELFIN

* Rocailles in Blau transparent, ø 2,6 mm
* Rocailles in Weiß irisierend, ø 2,6 mm
* Rocailles in Schwarz opak, ø 2,6 mm
* Nylonfaden, 1,20 m, 25 cm und 15 cm lang

FÄDELSKIZZEN
Skizzenheft Seite 10

Delfin

1 Zunächst wird die Schnauze des Delfins gefertigt. Fädeln Sie hierzu zwei Kreise (1) und (2) aneinander und verbinden Sie sie über die Perle A, wie es in der Skizze gezeigt wird.

2 Damit der Delfin seine typische Form bekommt, werden Kopf und Körper nicht nur aus 4er- und 5er-Kreisen gefertigt. Folgen Sie deshalb genau der Skizze.

3 Beim Fädeln des Körpers ist darauf zu achten, dass die Kreise (14) und (29) je Teil von zwei Runden sind. Folgen Sie auch hier genau der Fädelskizze.

4 Für den Schwanz wird an den Körper noch eine Runde aus 4er-Kreisen (41) bis (44) angefügt. Kreuzen Sie nun beide Fäden durch die zwei Perlen T und U. Mit einem Faden noch einmal durch die weiße Perle des Kreises (41) und wieder zurück durch die Perlen T und U fahren.

5 Fädeln Sie anschließend die Schwanzflossen wie gezeigt auf, kreuzen Sie die Fäden durch eine blaue Perle und führen Sie sie durch die gekennzeichneten Perlen T bis X. Die Fäden verknoten.

6 Die Rückenflosse wird mit einem neuen Stück Nylonfaden gefertigt. Ziehen Sie diesen durch die markierten Perlen des Rückens, fädeln Sie die Flosse auf und verknoten Sie die Fäden.

7 Für die Seitenflossen wird ebenfalls ein neues Stück Nylonfaden benutzt. Dieser wird durch die mit einem Stern gekennzeichnete Perle gezogen. Beide Fadenenden an den Rand des Körpers führen und die Flossen auffädeln. Die Fäden werden nun wieder zur Mitte zurückgefädelt und verknotet.

Kraken

1 Der Körper des Kraken wird Schritt für Schritt nach der Fädelskizze gefertigt. Achten Sie darauf, die Fäden gut straff zu ziehen, damit der Körper seine typische Form bekommt. Die Kante zwischen Kopf und Körper sollte so von ganz allein entstehen.

2 Für die Tentakel fertigen Sie einen Perlenstab aus zwölf Perlen am Ende des 80 cm langen Messingdrahtes. Mit dem langen Ende nun durch die Körperperle C fahren und einen weiteren Perlenstab aufziehen. Folgen Sie der Fädelskizze und fädeln Sie die restlichen Tentakel (je zwölf Perlen). Zum Schluss die Drahtenden verdrillen und abzwicken.

Robbe

1 Beginnen Sie mit dem Fädeln der Schnauze und arbeiten Sie anhand der Fädelskizze weiter.

2 Für den Schwanz die nächsten Runden arbeiten, sodass beide Fäden zum Schluss aus der Perle K herausschauen.

3 Die Robbe auf den Rücken drehen und einen Extrafaden durch die mit einem Stern gekennzeichnete Perle ziehen. Führen Sie beide Fäden anhand der Skizze nach außen. Ziehen Sie nun die vier Perlen der Flosse auf und führen Sie den roten Faden durch den Körper auf die Gegenseite. Die Fäden verknoten.

4 Mit den Fäden des Körpers wird jetzt noch die Schwanzflosse gefertigt. Führen Sie sie zunächst zur Perle M und kreuzen Sie sie durch eine neue Perle. Auf beide Fäden zwölf Perlen aufziehen. Kreuzen Sie nun durch zwei neue Perlen und führen Sie einen Faden durch die zuvor aufgefädelte Perle. Die Fäden gut straff ziehen und verknoten.

MOTIVLÄNGE
Robbe ca. 4 cm
Kraken ca. 3,5 cm

MATERIAL

ROBBE
* Rocailles in Weiß und Rosa satiniert, ø 2,6 mm
* Rocailles in Schwarz opak, ø 2,6 mm
* Nylonfaden, 1,20 m und 25 cm lang

KRAKEN
* Rocailles in Violett und Schwarz opak, ø 2,6 mm
* Nylonfaden, 1,20 m lang
* Messingdraht, 80 cm lang

FÄDELSKIZZEN
Skizzenheft Seite 11+12

Mein Tipp für Sie

Fantasievolle Farben
Delfin und Kraken sehen auch in anderen Farben richtig gut aus. Ein Tintenfisch in irisierendem Violett oder ein Delfin in dunklem Meerblau – probieren Sie einfach aus, was Ihnen gefällt!

Kleine Polonaise auf Eis

witzige Pinguine

1 Die Entstehung der Pinguine wird Schritt für Schritt in den Umschlagklappen des Heftes erklärt. Das Motiv eignet sich sehr gut zum Erlernen der japanischen Fädeltechnik.

2 Fädeln Sie doch zu Beginn ein paar Pinguine in verschiedenen Farben, zum Beispiel in dunklem irisierenden Blau oder auch in Schwarz. So werden Sie sicherer in der Technik und im Verstehen und Nachvollziehen der Fädelskizzen.

MOTIVHÖHE
ca. 1,5 cm

MATERIAL
* Rocailles in Weiß, Blau transparent oder Anthrazit irisierend, ø 2,6 mm
* Rocailles in Schwarz und Gelb opak, ø 2,6 mm
* Nylonfaden, je 1 m lang

FÄDELSKIZZEN
Umschlagklappen

Zwei putzige Pelzträger

Zum Knuddeln süß!

MOTIVHÖHE
großer Bär ca. 3 cm
kleiner Bär ca. 2 cm

MATERIAL

GROSSER BÄR

* Rocailles in Dunkelbraun und Hellbraun matt, ø 2,6 mm
* Rocailles in Schwarz opak, ø 2,6 mm
* Nylonfaden, 1,50 m, 3 x 25 cm und 4 x 30 cm lang

KLEINER BÄR

* Rocailles in Dunkelbraun und Hellbraun matt, ø 2,6 mm
* Rocailles in Schwarz opak, ø 2,6 mm
* Nylonfaden, 50 cm, 40 cm und 2 x 20 cm lang

FÄDELSKIZZEN
Skizzenheft Seite 13+14

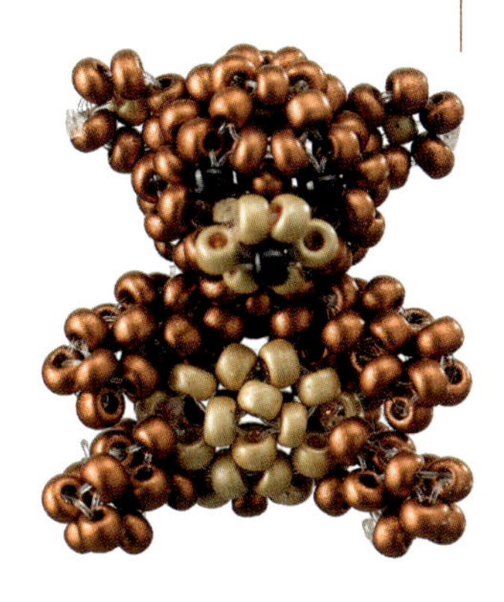

Großer Bär

1 Der Kopf des Bären besteht aus einer Perlenkugel, die Schritt für Schritt nach der Skizze gefertigt wird.

2 Fädeln Sie nach Beendigung des Kopfes je einen Extrafaden durch die Perlen, die mit X gekennzeichnet sind, und fertigen Sie die Ohren anhand der Zeichnung.

3 Mit dem ursprünglichen Faden wird nun der Körper auf dieselbe Weise gefädelt wie der Kopf. Fahren Sie nach Beendigung von Kreis (62) mit einem Fadenende noch einmal durch alle äußeren Perlen F bis K. Die Fäden verknoten.

4 Ziehen Sie für die Schnauze einen neuen Faden durch die zwei gekennzeichneten Perlen und kreuzen Sie sie durch zwei neue (hellbraune) Perlen. Auf jeden Faden eine weitere Perle auffädeln und erneut durch zwei hellbraune Perlen kreuzen. Mit einem Faden wird nun die schwarze Perle wie in der Skizze gezeigt eingefügt. Zum Schluss fahren Sie mit beiden Fäden durch die zwei gezeigten Perlen unterhalb der Augen. Die Fäden straff ziehen und verknoten.

5 Die Hinterbeine werden direkt am Körper gefertigt. Ziehen Sie dazu einen neuen Faden durch die Perle R des Köpers und folgen Sie der Fädelskizze. Die Perlen Q, R und S entsprechen dabei den hellbraunen Perlen am Körper des Bären.

6 Für die Arme des Bären benötigen Sie ebenfalls neue Fäden. Folgen Sie der Fädelskizze. Zum Schluss schauen die Fäden nach außen aus den letzten zwei Perlen heraus. Führen Sie nun einen Faden von oben durch die Perlen B und T bzw. E und T des Körpers, sodass der jeweilige Arm schräg nach vorn zeigt. Fäden gut straff ziehen und verknoten.

Kleiner Bär

1 Der Kopf des Bären wird nach der Fädelskizze gearbeitet. In der letzten Runde wird an die Perlen C und A jeweils ein Perlenstab als Arm gefädelt.

2 Fahren Sie nach Beendigung des Kopfes mit je einem Faden durch die Perlen F und J und kreuzen Sie die Fäden durch eine hellbraune Perle. Nun die Fäden durch die Perlen G und H ziehen, durch eine schwarze Perle kreuzen und erneut durch die Perlen G und H fahren. Fädeln Sie nun die Augen auf und führen Sie die Fadenenden durch die gekennzeichneten Perlen. Jetzt nur noch die Ohren auffädeln, einen Faden durch die letzte Perle zum anderen führen und verknoten.

3 Für den Körper wird ein neuer Faden durch die Perle B des Kopfes gezogen. Folgen Sie nun Schritt für Schritt der Skizze. Nach Kreis (22) noch einmal durch die äußeren Perlen der letzten Runde fädeln und die Fäden verknoten.

4 Die Hinerbeine werden mit neuen Fäden an den Körper gefügt. Beginnen Sie bei Perle L (siehe auch Skizze 3) und folgen Sie der Skizze bis zum Schluss.

Heimische Vögelchen

Gar nicht aufgeplustert!

MOTIVHÖHE
ca. 1 cm

MATERIAL
AMSEL
* Rocailles in Gelb und Schwarz opak, ø 2,6 mm
* Rocailles in Blau transparent, ø 2,6 mm
* Nylonfaden, 60 cm lang

BLAUMEISE
* Rocailles in Blau und Gelb transparent mit Farbeinzug, ø 2,6 mm
* Rocailles in Weiß satiniert, ø 2,6 mm
* Rocailles in Schwarz opak, ø 2,6 mm
* Rocailles in Grau transparent, ø 2,6 mm
* Nylonfaden, 60 cm lang

SPATZ
* Rocailles in Dunkelbraun, Braun und Hellbraun transparent, ø 2,6 mm
* Rocailles in Schwarz und Grau opak, ø 2,6 mm
* Nylonfaden, 60 cm lang

FÄDELSKIZZEN
Skizzenheft Seite 9

1 Die Vögel werden alle nach dem gleichen Prinzip gearbeitet. Der Körper besteht jeweils aus einer Kugel aus 5er-Kreisen. Fertigen Sie diesen Schritt für Schritt nach der jeweiligen Fädelskizze. Die Fäden gut straff ziehen.

2 Fahren Sie nun mit den Fäden durch die in der ersten und zweiten Skizze gekennzeichneten Perlen und kreuzen Sie sie durch die Schnabelperle. Folgen Sie weiterhin der jeweiligen Skizze.

3 Den Vogel auf die Seite drehen. Fädeln Sie nun bei der Amsel und der Blaumeise der Skizze folgend Augen, Flügel und Beine auf. Für den Spatz brauchen Sie hier nur noch das Beinchen und den Flügel fädeln. Die andere Seite des jeweiligen Vogels spiegelverkehrt fertigen. Führen Sie die Fäden zusammen und verknoten Sie sie.

Da geht's drunter und drüber

eine wilde Horde Affen

MOTIVHÖHE
ca. 3 cm

MATERIAL
* Rocailles in Dunkelbraun und Hellbraun transparent, ø 2,6 mm
* Rocailles in Schwarz opak, ø 2,6 mm
* Nylonfaden, 1,30 m, 25 cm und 2 x 30 cm lang

FÄDELSKIZZEN
Skizzenheft Seite 16

1 Fädeln Sie zunächst den Kopf des Affen. Dazu der Fädelskizze folgen. An die beiden mit X gekennzeichneten Perlen die Ohren anfügen.

2 Fügen Sie den Körper direkt an den Kopf an. Nach Schritt (25) und (28) wird jeweils an die Perle Y ein Perlenstab als Arm gefädelt. Nach Beendigung der letzten Runde fahren Sie noch einmal durch alle äußeren Perlen, fertigen dabei den Schwanz und verknoten anschließend die Fäden.

3 Für die Schnauze wird ein neuer Faden durch die Perle R des Kopfes gezogen. Fädeln Sie Schritt für Schritt die Schnauze, sodass beide Fäden aus den Perlen Q und P herausschauen. Die Augen auffädeln. Für den Abschluss werden die Fäden nun durch die gekennzeichneten Perlen gezogen und verknotet.

4 Die Beine des Affen werden ebenfalls mit neuen Fäden gearbeitet. Beginnen Sie bei Perle L bzw. R und arbeiten Sie Schritt für Schritt nach der Skizze. Nach Kreis (6) wird der Faden durch die äußeren Perlen so nach oben geführt, dass er schräg nach außen zeigt. Fädeln Sie jetzt die zwei Perlen für den Fuß auf (7) und fahren Sie zurück zum anderen Faden. Verknoten und fertig!

Mein Tipp für Sie

Gliedmaßen verstärken Gerade bei den Äffchen lohnt es sich, zusätzlich ein Stück Draht durch Schwanz und Arme zu ziehen, um sie in Form biegen zu können. Dann kann sich der kleine Affe sogar mit seinem Schwanz von einem Ast herab baumeln lassen!

Gutmütige Dickhäuter

verspielte Elefantenfamilie

MOTIVHÖHE
großer Elefant
ca. 3 cm
kleiner Elefant
ca. 1,5 cm

MATERIAL
GROSSER ELEFANT

* Rocailles in Hellblau transparent mit Farbeinzug, ø 2,6 mm
* Rocailles in Schwarz opak, ø 2,6 mm
* Rocailles in Weiß satiniert, ø 2,6 mm
* Nylonfaden, 1,50 m, 50 cm, 4 x 30 cm und 2 x 25 cm lang

KLEINER ELEFANT

* Rocailles in Hellblau transparent mit Farbeinzug, ø 2,6 mm
* Rocailles in Schwarz opak, ø 2,6 mm
* Rocailles in Weiß satiniert, ø 2,6 mm
* Nylonfaden, 80 cm, 30 cm und 2 x 15 cm lang
* Messingdraht, 25 cm lang

FÄDELSKIZZEN
Skizzenheft
Seite 14+15

Großer Elefant

1 Beginnen Sie mit dem Kopf des Elefanten. An die mit X gekennzeichneten Perlen werden später mit neuen Fäden die Ohren angebracht.

2 Für den Körper fahren Sie zunächst noch einmal durch alle äußeren Perlen der letzten Runde des Kopfes. Nun die neuen Kreise (33) bis (62) anfügen.

3 Drehen Sie den Elefanten so um, dass er von Ihnen weg schaut. Folgen Sie nun der Fädelskizze, um den Schwanz zu fertigen. Zum Schluss die Fäden straff ziehen und verknoten.

4 Den Rüssel arbeiten Sie zunächst separat mit einem neuen Faden. Nach Beendigung von Kreis (12) fahren Sie mit dem roten Faden noch einmal durch die Perle L. Mit beiden Fäden von außen kommend durch die beiden Perlen Y und Z des Kopfes fahren. Um den Rüssel zu stabilisieren, nun je einen Faden durch die Perle P und N des Rüssels ziehen. Ziehen Sie die Fäden gut straff und verknoten Sie sie.

5 Für die Hinterbeine fädeln Sie je einen neuen Faden durch die mit R gekennzeichnete Perle des Körpers. Der Fädelskizze folgen und die Fäden verknoten.

6 Die Vorderbeine werden, wie der Rüssel, separat gefertigt. Für die notwendige Stabilität müssen Sie jedoch mit dem roten Faden noch einmal durch alle äußeren Perlen (10) fahren. Bringen Sie die Beine auf dieselbe Weise wie beim Rüssel an den Perlen S und T des Köpers an.

7 Um die Ohren zu fertigen, ziehen Sie je einen neuen Faden durch die Perlen X des Kopfes. Zunächst die Kreise (1) bis (5) aneinanderreihen. Mit dem blauen Faden eine Perle aufnehmen und durch die Perle X fahren. Nehmen Sie im Wechsel immer eine hellblaue Perle auf und fahren Sie dann durch die äußeren zwei Perlen der Kreise (2) bis (5). Zum Schluss die Fäden verkoten.

Kleiner Elefant

1 Der Kopf wird Schritt für Schritt nach der Fädelskizze gearbeitet.

2 Für den Körper fahren Sie zunächst noch einmal durch alle äußeren Perlen der letzten Runde. Folgen Sie auch hier der Skizze. Die Fäden noch nicht verknoten!

3 Ziehen Sie durch die beiden mit K gekennzeichneten Perlen einen neuen Faden und fügen Sie die Ohren an.

4 Der Rüssel wird zunächst separat gefertigt. Fahren Sie nach Kreis (6) mit dem roten Faden noch einmal durch die äußere Perle von Kreis (2) sowie Kreis (5). Zuletzt die Fäden so durch die letzten beiden Perlen ziehen, dass sie nach außen zeigen (7). Um den Rüssel am Kopf anzubringen, fahren Sie mit den Fäden von außen kommend durch die Perlen G und H des Kopfes. Die Fäden richtig straff ziehen und verknoten.

5 Mit dem Körperfaden wird der Schwanz gefertigt. Danach die Fäden verknoten.

6 Nutzen Sie für die Beine ein Stück Messingdraht. Den Elefanten auf den Rücken drehen und den Draht durch die markierten Körperperlen führen. Zwischendurch je einen Perlenstab als Bein fädeln. Verdrillen Sie am Schluss die Drähte.

Kunterbuntes Treiben

Regenbogenvögelchen

MOTIVHÖHE
ca. 1 cm

MATERIAL
* Rocailles in Weiß satiniert, ø 2,6 mm
* Rocailles in Schwarz opak, ø 2,6 mm
* Rocailles in verschiedenen Farben sowie in Gelb transparent, ø 2,6 mm
* Nylonfaden, 60 cm lang

FÄDELSKIZZEN
Skizzenheft Seite 7

1 Der Körper der Vögelchen besteht aus einer Kugel aus 5er-Kreisen. Fertigen Sie diese Schritt für Schritt nach der Fädelskizze. Die Fäden gut straff ziehen.

2 Fahren Sie nun mit den Fäden durch die in der ersten und zweiten Skizze gekennzeichneten Perlen und kreuzen Sie sie durch die Schnabelperle. Folgen Sie weiterhin der Skizze.

3 Den Vogel auf die Seite drehen. Fädeln Sie nun der Skizze folgend Augen, Flügel und Beine. Die andere Seite des jeweiligen Vogels spiegelverkehrt fertigen. Führen Sie die Fäden zusammen und verknoten Sie sie.

Mein Tipp für Sie

Gefieder wechsle dich! Bei fast allen Gefiederfarben werden Schnabel und Füße in transparentem Gelb gefertigt. Wer aber auch ein Vögelchen in Gelb bastelt, der sollte hier ein transparentes Rot dafür wählen. Sehr süß sehen die kleinen Regenbogenvögel zum Beispiel aneinandergereiht als Armband aus.

Christiane Brüning wurde 1987 in Thüringen geboren und studiert zurzeit Medizin in Jena. Schon seit ich denken kann, gehören Basteln und Handwerken zu meinen Hobbys. In der Grundschule kam ich das erste Mal mit Perlentieren in Kontakt – mein erstes Tier war ein Krokodil aus dem Buch „Perlen-Power" von Sabine Koch. Seitdem zog es mich immer wieder zu diesem Hobby zurück. Als ich 2008 die japansche Technik kennen lernte, wollte ich unbedingt ganz viele kleine Tiere damit basteln, aber leider gab es bisher in Deutschland keine Anleitungen dafür. Also habe ich mir nach und nach selbst welche ausgedacht. Sie beim frechverlag in einem Buch herausbringen zu dürfen – damit geht für mich ein Traum in Erfüllung.

DANKE!

Vielen Dank an meinen Mann Robert, der mich immer unterstützt und es erträgt, wenn ich tagelang an nichts anderes denken kann, als an neue Figürchen. Danke auch an meine Schwester Juliane und meine Eltern, für alles. Und zuletzt eine Umarmung an Miriam, ohne dich gäbe es dieses Heft nicht.

TOPP – Unsere Servicegarantie

WIR SIND FÜR SIE DA! Bei Fragen zu unserem umfangreichen Programm oder Anregungen freuen wir uns über Ihren Anruf oder Ihre Post. Loben Sie uns, aber scheuen Sie sich auch nicht, Ihre Kritik mitzuteilen – sie hilft uns, ständig besser zu werden.

Bei Fragen zu einzelnen Materialien oder Techniken wenden Sie sich bitte an unseren Kreativservice, Frau Erika Noll.

mail@kreativ-service.info
Telefon 0 50 52 / 91 18 58

Das Produktmanagement erreichen Sie unter:

pm@frechverlag.de

oder:

frechverlag
Produktmanagement
Turbinenstraße 7
70499 Stuttgart
Telefon 07 11 / 8 30 86 68

LERNEN SIE UNS BESSER KENNEN! Fragen Sie Ihren Hobbyfach- oder Buchhändler nach unserem kostenlosen Kreativmagazin **Meine kreative Welt**. Darin entdecken Sie vierteljährlich die neuesten Kreativtrends und interessantesten Buchneuheiten.

Oder besuchen Sie uns im Internet! Unter **www.topp-kreativ.de** können Sie sich über unser umfangreiches Buchprogramm informieren, unsere Autoren kennenlernen sowie aktuelle Highlights und neue Kreativtechniken entdecken, kurz – die ganze Welt der Kreativität.

Kreativ immer up to date sind Sie mit unserem monatlichen **Newsletter** mit den aktuellsten News aus dem frechverlag, Gratis-Bastelanleitungen und attraktiven Gewinnspielen.

IMPRESSUM

FOTOS: frechverlag GmbH, 70499 Stuttgart; Juliane Feix (alle Schrittfotos und Porträts), lichtpunkt, Michael Ruder, Stuttgart (Cover und alle Modellfotos)
FÄDELSKIZZEN: Christiane Brüning
PRODUKTMANAGEMENT: Susanne Pypke
LEKTORAT: Susanne Pypke, Eva Günkinger
GESTALTUNG: Atelier Schwab, Handewitt
DRUCK: Sachsendruck Plauen GmbH, Plauen PRINTED IN GERMANY

Auflage: 9. 8. 7. 6. 5.
Jahr: 2017 2016 2015 2014 2013 [Letzte Zahlen maßgebend]

ISBN 978-3-7724-3908-7 • Best.-Nr. 3908